CW01664359

I papà vengono da Marte le mamme da Venere

Due lineette sul test, e di colpo la nostra vita cambia per sempre. Fino a un momento fa eravamo noi due soli, una coppia, ora saremo in tre (o in quattro, in cinque...). È un'ondata di felicità, stiamo toccando il cielo con un dito, eppure allo stesso tempo non possiamo nascondere mille paure. All'improvviso bisogna ridefinire la vita: le priorità, gli impegni, i ruoli, il rapporto con l'altro. E nella ricerca di un nuovo equilibrio ci appare più che mai netta una non trascurabile evidenza: gli uomini e le donne vengono da pianeti diversi. In questo libro, un "marziano" e una "venusiana", che insieme hanno fatto quattro figli (e se la stanno ancora cavando egregiamente), ci rivelano la propria storia di genitori dai rispettivi punti di vista di padre e di madre, come in un diario personale, ma anche di esperti: psicoterapeuta lui, psicopedagogista lei.

Le sfide principali dei primi tre anni di vita del bambino, dal test di gravidanza al primo giorno di asilo, sono raccontate "in presa diretta" e poi messe sotto la lente d'ingrandimento, per capire che cosa succede nella mente di lui e di lei. Lo scopo? Trovare, nella differenza, una sintesi originale e unica nella quale ciascuno, e soprattutto il nuovo nato, possa crescere serenamente.

Alberto Pellai, medico e psicoterapeuta dell'età evolutiva, è ricercatore presso il dipartimento di Scienze Bio-Mediche dell'Università degli Studi di Milano, dove si occupa di prevenzione in età evolutiva. Nel 2004 il ministero della Salute gli ha conferito la medaglia d'argento al merito della Sanità pubblica. È autore di numerosi libri rivolti a genitori, insegnanti, adolescenti e bambini, tra gli ultimi *Girl Revolution* (2015) e *Piccolo genio* (2016).

Barbara Tamborini, psicopedagogista, autrice di diversi testi sull'età evolutiva, ha vinto il Premio Giovanni Arpino inediti con *Aiuto! Mi sono perso a Londra* (2011) e il premio Onda d'Arte di Ceriale 2011. Ha pubblicato numerosi altri libri, tra cui *Piccolo genio* (2016).

Alberto Pellai • Barbara Tamborini

I PAPÀ vengono da MARTE Le MAMME da Venere

Perché mamma e papà fanno
le stesse cose in maniera differente

DeAGOSTINI

© 2014 De Agostini Libri S.p.A.
Prima edizione aprile 2014
Seconda edizione giugno 2014
Terza edizione settembre 2016
www.deagostini.it
Redazione: corso della Vittoria 91, 28100 Novara

Tutti i diritti sono riservati. Nessuna parte di questo volume può essere riprodotta, memorizzata o trasmessa in alcuna forma e con alcun mezzo, elettronico, meccanico, in fotocopia, in disco o in altro modo, compresi cinema, radio, televisione, senza autorizzazione scritta dell'Editore. Le fotocopie per uso personale del lettore possono essere effettuate nei limiti del 15% dietro pagamento alla SIAE del compenso previsto dall'art. 68, commi 4 e 5, della legge 22 aprile 1941 n. 633. Le riproduzioni effettuate per finalità di carattere professionale, economico o commerciale o comunque per uso diverso da quello personale possono essere effettuate a seguito di specifica autorizzazione rilasciata da CLEARedi, corso di Porta Romana 108, 20122 Milano, e-mail *info@clearedi.org* e sito web *www.clearedi.org*.

Sommario

♀♂

INTRODUZIONE

Mamma e papà a confronto

Il "baby shock"

Le ricerche e le statistiche parlano chiaro. Se c'è un passaggio capace di mettere in crisi la coppia e l'equilibrio che ha conquistato nel tempo, è diventare genitori. Negli ultimi trent'anni il numero delle separazioni entro i primi tre anni dalla nascita di un figlio è in costante ascesa.

Esiste anche un termine per definire il fenomeno: "*baby shock*" (*baby clash* in inglese). Attualmente, più del 10% dei piccoli con meno di due anni vive con un solo genitore e secondo lo studioso francese Bernard Geberowicz, coautore del libro *Baby-shock*[1], «dal 20 al 25% delle coppie si separano nei primi

[1] Bernard Geberowicz, Colette Barroux, *Baby shock. La coppia alla prova quando nasce un bambino*, De Vecchi, Milano 2007.

mesi dopo la nascita del bebé. E questa cifra è in crescita continua».

Al di là dei numeri, l'arrivo del primogenito è una rivoluzione, e per adattarsi a tutti i cambiamenti ci vuole un grande lavoro a due.

Parlando con chi ci è già passato, si scopre che, in astratto, tutti sono più o meno consapevoli che la loro vita sarà stravolta e si dichiarano pronti ad affrontare la trasformazione, ma farcela è dura.

In effetti, è impossibile ignorare che cosa ti aspetta. Te lo raccontano tutti. E spesso ti offrono resoconti della relazione con il partner che somigliano a un thriller, più che a una commedia di sentimenti, come dovrebbe essere.

La luce in fondo al tunnel

In casa nostra, dove di cicogne ne sono arrivate quattro, abbiamo sempre chiamato i primi tre anni "il tunnel". Dal quarto, torni finalmente a vedere la luce.

Nel primo triennio è tutto da inventare, da definire. C'è da capire che tipo di mamma o papà vuoi essere e in che modo stare accanto a tuo figlio per il resto dell'esistenza, ci sono le nottate in bianco (a volte), di tanto in tanto una malattia o un'emergenza. Le emozioni che ti assalgono sono molteplici e contrastanti: la felicità e l'orgoglio quando guardi la tua creatura si mescolano a stanchezza e ansia, paura e talvolta rabbia (per esempio quando un esserino di quattro chili ti tiene sveglio tutta la notte, apparentemente senza motivo).

Noi siamo stati nel tunnel per undici anni consecutivi. Il primogenito è nato nel 2000, l'ultimo nel 2008 e ha compiuto tre anni nel 2011. In quest'arco di tempo abbiamo cercato di diventare buoni genitori e contemporaneamente di rafforzarci come coppia.

In alcuni momenti, ci è sembrato di scoppiare, di non farcela, di non riuscire a vedere la luce. Ci sono stati periodi in cui abbiamo toccato il cielo con un dito e altri in cui la fatica della quotidianità sembrava avere il sopravvento. Ma siamo ancora qui, insieme, tutte le mattine ci alziamo e nella nostra formazione 2+4 ci sembra di aver trovato un buon equilibrio.

Anzi, in tutta sincerità, ci godiamo la vita, e anche parecchio.

Non ti capisco

Se c'è una cosa che, in questi anni, ha messo seriamente in crisi la nostra capacità di armonizzare vita e lavoro, doveri e piaceri, affetti e impegni, è la difficoltà di capirsi. Di tutte le prove per la tenuta e la felicità di coppia, comprendere che cosa si agita nella mente del partner è stata la più impegnativa. Non basta sapere come pensano i bambini, come dovrebbero crescere, attraverso quali fasi deve passare il loro sviluppo.

Sono temi che conoscevamo molto bene, perché li abbiamo studiati a lungo nella nostra attività professionale. La vera sfida è riuscire a condividere tutti gli aspetti associati alla crescita di un figlio, secondo un piano cooperativo, armonico e condiviso con il compagno. Ragionare come una mente sola, essere capaci di fare la scelta giusta insieme all'altro, e non contro il suo parere, sintonizzare e sincronizzare le emozioni e i pensieri durante il primo triennio è la più alta montagna da scalare per la coppia. Perché all'improvviso potrebbe succedere che ci sembri di conoscere perfettamente il piccolo, ma di non capire più nulla della persona che ci dorme accanto.

Rita, trentaquattro anni, racconta così questa fase, che ha messo a dura prova il rapporto tra lei e il marito:

Dopo la nascita di Irene, mi sentivo spesso stanca e triste. Ero felice, la mia bambina era un sogno che si avverava. Ma c'erano tante cose da fare e mi sentivo "divorata", perché voleva sempre attaccarsi al seno. Sentirla piangere mi metteva in ansia e per evitarlo la allattavo in continuazione, anche se sapevo che non ne aveva bisogno. Mio marito Fulvio mi sembrava disattento e disinteressato a ciò che stava accadendo in casa. Spesso si lamentava con me, perché dopo la nascita di Irene la tenevo sempre in braccio. Avrebbe voluto ogni tanto fare l'amore, parlare un po', ritrovare uno spazio nostro. Ma per me era troppo presto. In quei mesi, c'era solo Irene. In più, ero stanca per i troppi impegni. Per noi è stato un periodo duro. Ero felice di essere diventata mamma, ma anche molto dispiaciuta, perché mi accorgevo che mio marito non approvava questa situazione tra noi.

Ecco come Fulvio ricorda lo stesso periodo:

L'arrivo di Irene è stato come un raggio di sole nella nostra vita: ero felicissimo. Ma poi, Rita ha cominciato a cambiare e a dedicarsi totalmente alla bambina. Doveva fare tutto lei, poteva stare solo tra le sue braccia. Per poter svolgere il mio ruolo di padre, ero costretto a discutere. Dopo un po', la situazione è diventata insopportabile. Vedevo che mia moglie era stanca e litigare per dettagli peggiorava le cose. Allora, ho deciso di lasciarla fare e di tornare all'attacco in un secondo tempo: una volta terminato l'allattamento, lei avrebbe ripreso a lavorare e un papà disponibile sarebbe stato utile. Certo, non posso dire che per noi sia stato un periodo facile.

> *Durante la gravidanza pensavamo che, grazie a Irene, saremmo diventati la coppia più felice del mondo. Dopo la nascita, la realtà è stata ben diversa. Il problema non era la piccola, ma noi due, che non riuscivamo a ritrovare un'intesa profonda. Il nostro equilibrio era saltato.*

In queste ultime parole sta la chiave: i figli nascono e crescono grazie ai genitori, ma il processo può erodere, a volte addirittura compromettere, l'intesa tra i partner.

La fatica più grande è imparare a entrare nella mente dell'altro. Altrimenti, come è successo a Rita e Fulvio, ci si concentra solo sui propri pensieri ed emozioni, e ci si sente esclusi dal compagno, incompresi, non amati. Si mettono in discussione le fondamenta su cui si reggono la stabilità e l'armonia del rapporto.

Nella mente dell'altro

Il libro che avete tra le mani intende mostrare che cosa si agita nella mente di uomini e donne nei primi tre anni di vita di un bambino. Abbiamo scelto alcuni momenti *clou* e li abbiamo raccontati da due differenti punti di vista: quello della mamma e quello del papà.

Abbiamo attinto all'esperienza personale, ma anche ai racconti di tanti altri genitori. Con quattro figli, infatti, le nostre relazioni sociali si sono ampliate enormemente, e negli ultimi dieci anni ci siamo trovati a condividere storie, raccogliere confidenze, consolare, calmare persone in ansia.

Leggere in coppia sarà un'ottima occasione per capire meglio quanto sta succedendo a voi e a chi vi vive a fianco.

Lo scopo è potenziare due abilità in particolare: la metacognizione e la teoria della mente.

La *metacognizione* è la capacità autoriflessiva, ossia la consapevolezza di noi stessi nelle relazioni in cui ci troviamo coinvolti. Imparare a pensare non solo a noi, ma anche su di noi, guardarci con una lente d'ingrandimento per sviluppare un sano pensiero critico (e, soprattutto, autocritico) in ogni situazione è cruciale: ci permette di conservare la flessibilità necessaria per capire come siamo, come stiamo diventando, che non siamo il centro del mondo e che non tutto accade esattamente come vogliamo.

"Metacognizione" può sembrare un termine tecnico lontano dalla quotidianità, ma nell'arco della giornata ognuno è sollecitato a utilizzarla molte volte nelle relazioni con gli altri. Per capire meglio la differenza tra pensare e "metapensare", proviamo a immaginare due situazioni concrete che ricorrono spesso.

1. La mamma sta riordinando la cucina mentre il figlio di due anni cammina scalzo tra le bricio-

le. Il padre controlla le e-mail. Per appoggiare il computer sul tavolo, ancora da sparecchiare, sposta un angolo della tovaglia. Il piccolo rovescia la pattumiera. La madre si arrabbia.

Pensiero di lei: "Il mio compagno non mi aiuta, pensa solo alle sue cose, non ha tolto nemmeno la tovaglia, non mi rispetta, non gli importa di me. Da quando il bambino cammina, non lo puoi perdere d'occhio un momento".

Metapensiero: "Mi fa male che non si accorga di quanto ho bisogno di lui. Dovrebbe capire da solo che questo non è il momento per usare il computer. Sono molto stanca, oggi mi sono dedicata tutto il giorno al piccolo e adesso avrei proprio bisogno di staccare un po' la spina".

2. Il padre sta cambiando il pannolino al piccolo di pochi mesi. Si accorge che deve sostituire anche il body e affronta l'impresa di svestirlo e rivestirlo da capo a piedi. La mamma entra in bagno e osserva. Dopo pochi secondi, si intrufola tra i due per sistemare gli adesivi e riposizionare il pannolino: «Faccio io, che sono più veloce!» dice.

   Pensiero di lui: "Deve sempre fare a modo suo, e poi si lamenta se non la aiuto. Mi fa pesare che soltanto lei fa tutto bene. Non stavo facendo male al bambino. Certe volte è proprio presuntuosa".

   Metapensiero: "Mi dispiace che la mia compagna non capisca quanto è importante per me provare a cavarmela da solo. Mi ha fatto sentire inadeguato, incapace di prendermi cura del piccolo. Non ha fiducia in me".

Se cogliete la differenza tra i due modi di pensare, sarete in grado di affrontare qualsiasi ostacolo. Le emozioni negative restano: la mamma che lava i piatti sarà comunque triste e arrabbiata, il papà al fasciatoio si sentirà un inetto. Tuttavia, nel secondo caso le riconosciamo e le condividiamo. Senza questo processo, spesso le traduciamo in una reazione negativa inconsapevole, una sorta di vendetta per la sofferenza che l'altro ci ha inflitto. È il primo passo verso la guerra: tu fai male a me, e io faccio male a te. Mi metto al tuo livello e ti ripago con la stessa moneta.

Così si alimenta il risentimento, un veleno potente per la coppia, soprattutto quando deve affrontare situazioni di forte stress, quali la cura di un bimbo piccolo.

I metapensieri permettono di prendere consapevolezza delle emozioni negative e favoriscono un dialogo franco, un confronto magari faticoso, ma molto costruttivo. Ci aiutano a capire come funzioniamo, come reagiamo quando ci sentiamo sotto pressione, aggrediti o vulnerabili. Andremo oltre la sofferenza del momento, per comprendere che cosa accade nella nostra mente.

La metacognizione non è un punto di partenza,

ma uno stile di pensiero da allenare. E la quotidianità è una palestra inesauribile. Questo libro sarà il vostro allenatore.

La seconda abilità si chiama "*teoria della mente*" ed è la capacità di comprendere che cosa succede nella mente dell'altro, di intuirne i pensieri, ma anche le motivazioni e le emozioni che lo spingono ad agire in un certo modo. Potenziarla significa non solo conoscere meglio il nostro compagno di vita, ma anche riflettere su chi è per noi e concentrare l'attenzione sulle cause di un comportamento. Si chiama "empatia".

Riprendiamo l'esempio di prima.

Il papà che controlla la posta sul computer, incurante della tavola ancora da sparecchiare, potrebbe sentirsi semplicemente aggredito dalla partner, che reagisce con rabbia alla sua indifferenza. In alternativa, lei potrebbe spiegargli che soffre quando si comporta così, perché si sente invisibile, trascurata. Le due ipotesi possono innescare riflessioni molto diverse.

È vero, ci sono uomini capaci di vedere oltre qualsiasi scenata e, anche se sono stanchi dopo una giornata di lavoro, o in ansia perché l'e-mail che aspettavano non è arrivata, riescono a fermarsi e a vedere la sofferenza della compagna dietro le urla. Questi supereroi si alzano, vanno verso di lei, le chiedono scusa per la distrazione. «Amore, mi dispiace di averti ferita, la prossima volta sarò più attento.

Sono addolorato di averti trattata così», la serrano in un abbraccio e iniziano subito a sparecchiare e a spazzare. Bene, se al vostro fianco avete una persona del genere, rivendete subito questo libro: avete fatto bingo!

Se, invece, convivete con un uomo che alle vostre proteste risponde a tono e vi elenca tutto quello che fa per voi ogni giorno, continuate a leggere.

Sintonizzarci con la mente dell'altro è una capacità che iniziamo a usare a partire dai due anni e non va mai in pensione. È una sfida costante che dura tutta la vita. È l'ingrediente segreto perché invecchiare insieme ci sembri un sogno, e non una condanna. È il modo in cui papà e mamma possono stringere un'alleanza.

Tornando all'esempio, se la moglie esprime a parole la propria sofferenza («Mi sono sentita invisibile») susciterà nel marito una reazione molto meno aggressiva: «Dovevo sbrigare un'importante faccenda di lavoro, ma non era il momento. Mi dispiace di averti abbandonata e ignorata, non era mia intenzione. La prossima volta, dimmi subito che hai bisogno di aiuto. Non soffrirne». Decisamente un lieto fine che vale la pena perseguire.

Avere una teoria della mente significa dare senso al comportamento altrui (la mia compagna si è arrabbiata perché si è sentita trascurata, sola) e prevederlo (in questi casi diventa aggressiva). Questo permette di adottare un atteggiamento flessibile, adatto alle circostanze. Aiuta a captare i segnali rivelatori dello stato d'animo di chi ci è vicino.

La situazione descritta sottolinea l'importanza del linguaggio: esprimere verbalmente ciò che si ha dentro (metacognizione) sviluppa competenze in noi e negli altri.

Molti fanno fatica a tradurre in parole le sensazioni più intime, ma non è mai troppo tardi per migliorare. Vi incoraggerà sapere che si tratta di un'abilità contagiosa: se avete vicino qualcuno dotato di una buona teoria della mente, vi influenzerà.

Un altro fattore importante è l'autostima. Se il padre dell'esempio fosse stato insicuro, convinto di valere poco, alla prima reazione della compagna, probabilmente l'avrebbe aggredita a sua volta e si sarebbe subito messo sulla difensiva: «Nessuno vede tutto quello che faccio», oppure «Non sono capace di fare niente». Quanto più ci sentiamo sicuri di noi, tanto più saremo capaci di sintonizzarci con la mente dell'interlocutore, senza sviluppare false credenze.

Spesso, inoltre, un figlio fa riemergere aspetti irrisolti nella relazione con la propria famiglia d'origine. Quando una coppia si forma, ciascuno porta nel rapporto un pezzo della sua storia personale. Sintonizzarsi significa rendersi disponibili ad accogliere le paure dell'altro. Ognuno deve potersi fidarsi delle persone con cui ha costruito legami più forti e duraturi: il partner e i familiari. Se uno dei due ha o ha avuto rapporti problematici con i propri genitori, il compagno dovrà compensare e medicare le ferite che ora possono riaprirsi. E può farlo solo attraverso la metacognizione e la teoria della mente.

Rileggendo la storia di Rita e Fulvio, ci rendiamo conto che il problema era la scarsa disponibilità a esercitare le due abilità. Entrambi erano fortemente concentrati su un programma personale e ciascuno vedeva nell'altro un potenziale ostacolo, un soggetto incapace di cooperare e collaborare per un obiettivo comune. Rita non voleva lasciar piangere Irene. Fulvio soffriva perché si sentiva escluso dalla moglie, che gli impediva di mettersi in gioco come padre. Le domande che avrebbero permesso loro di uscire dalla spirale negativa sono: "Che cosa ti fa stare male in questo momento (metacognizione)? E che cosa posso fare per ridurre il tuo disagio (teoria della mente)?". Lavorando insieme sui due quesiti, probabilmente i coniugi avrebbero sofferto di meno nei primi mesi e sarebbero stati più soddisfatti e felici dell'esperienza di genitori.

Per questo, abbiamo selezionato alcune situazioni cruciali della vita di coppia quando arriva un figlio. Le approfondiremo per cercare di comprendere che cosa succede nella mente della mamma, del papà e del bambino stesso.

Leggete il volume insieme, scambiatevelo, sottolineatelo, discutetene, guardate i film consigliati, consultate i testi suggeriti. Sarà un percorso autodidattico e di scambio reciproco che arricchirà uno dei passaggi più belli e faticosi dell'esistenza. La rabbia cederà il campo alla comprensione (almeno, la maggior parte delle volte) e tornerete a ridere delle difficoltà e ad avere fiducia l'uno nell'altro, convinti che la prole sia l'occasione per diventare uomini e donne migliori.

Pianeti diversi

Gli ormoni e la struttura genetica condizionano in modo differente il cervello femminile e maschile. Nel primo caso, gli ormoni sono protagonisti indiscussi dello sviluppo cerebrale, perché la loro produzione varia in base alle fasi del ciclo mestruale, incidendo molto su aspetti come l'umore e la gestione dello stress. Per alcune, la sindrome premestruale è un fattore invalidante, per l'influsso negativo sulla capacità di far fronte alla quotidianità.

Si è ritenuto per molto tempo che la dimensione ridotta del cervello femminile rispetto a quello maschile (il 9% in meno) fosse una prova genetica della superiorità intellettuale dell'uomo. La credenza è stata smentita dalle nuove scoperte delle neuroscienze, secondo cui nei due sessi è presente il medesimo numero di cellule cerebrali, quindi le dotazioni sono identiche. Questo non significa, però, che uomini e donne funzionino allo stesso modo. L'evoluzione della specie si fonda proprio sulla differenziazione e sulla complementarità dei compiti. Negare le diversità è un autogol per tutti, oggi come ieri.

Maschi e femmine attivano aree molto diverse per affrontare e risolvere un problema. La straordinaria varietà di differenze strutturali, chimiche, genetiche, ormonali e funzionali connotano il nostro genere di appartenenza in tutti campi: al lavoro, nel privato, con gli amici ecc.

Le divergenze nelle prestazioni in campo professionale e scientifico non sono determinate da limiti intellettivi, ma dai geni: quando le donne cominciano a prendere decisioni sul proprio futuro (sposarsi, mettere su famiglia), perdono interesse per le attività che richiedono prestazioni solitarie e competitive. È scritto nei cromosomi. Molte hanno una carriera fulgida, a cui si dedicano interamente, ma ciò non cancella le differenze di genere. Il cervello le rende inclini a esprimere verbalmente le emozioni, abili nell'instaurare amicizie profonde, capaci di decifrare gli stati d'animo dall'espressione facciale e dal tono di voce, brave a placare i conflitti. Hanno una predisposizione a prendersi cura di chi le circonda.

Nel sesso forte sono più sviluppate l'area dell'impulso sessuale e l'amigdala, che regola la paura, la rabbia e l'aggressività. Per istinto, gli uomini cercano di evitare le emozioni forti, sono meno viscerali e più razionali, per non perdere la concentrazione mentre tentano di raggiungere un obiettivo, per esempio sul lavoro.

Le donne detestano il conflitto. È un retaggio dell'evoluzione. Ce lo insegnano i Croods, la famiglia primitiva protagonista del cartone animato della DreamWorks: se si litiga, si muore. La femmina che rompe la relazione con il maschio è destinata a perire con i propri figli al collo, perché nessuno provvederebbe più a procacciare il cibo. Per questo è dotata di un'alta propensione alla tolleranza.

Oggi qualcuno potrebbe obiettare che non è più così, molte mamme crescono da sole la prole. In passato, mordersi la lingua era una qualità necessaria per garantire la tenuta del matrimonio nel tempo. Ora, nessuno darebbe più un consiglio del genere, tuttavia, nella coppia la donna resta la più predisposta a chiudere un occhio e a perdonare.

Anche l'elaborazione dell'ira è differente. L'uomo, in genere, è più impulsivo e aggressivo. Se una donna è infuriata, invece, sente subito il bisogno di parlarne con qualcuno, di sfogarsi. È più incline ad attaccare verbalmente, riesce a usare meglio le parole. Inoltre, il primo è molto istintivo, soprattutto quando si sente minacciato o in pericolo, mentre la seconda si paralizza quando sente minacciati gli affetti più cari.

Infine, sono diverse le dotazioni per processare le emozioni: la corteccia prefrontale femminile è più grande, perciò sono più spiccati il pensiero critico e la capacità di gestire e controllare le emozioni. D'altro canto, il sesso forte ha quattro volte meno possibilità di soffrire di ansia o depressione per l'influsso degli ormoni.

In ogni capitolo analizzeremo i diversi funzionamenti della mente della mamma e di quella del papà in riferimento alle sfide genitoriali da affrontare.

CAPITOLO 1

Due linee e inizia l'avventura

♀ Come la vede lei

Stasera mi è dispiaciuto un po' non mangiare gli spaghetti con le cozze. Non che siano il mio piatto preferito, ma avevano un profumo... Quella salsa con il prezzemolo, i pomodorini... Oddio, adesso chiamo la cucina e me li faccio portare in camera! Forse avrei potuto assaggiarli, tu li divoravi con una tale voracità! Adoro vederti mangiare di gusto, mi ricordi Shrek. Mi hai chiesto come mai ho scelto la pasta in bianco. Ho risposto che volevo stare leggera. Hai detto: «Non sai cosa ti perdi».

In effetti, non sono nemmeno certa che le cozze siano proibite in gravidanza. Magari sto correndo un po' troppo, però io mi sento già incinta. Ho appena tre giorni di ritardo e non riesco a smettere di toccarmi la pancia. Non vedo l'ora di comprarmi la salopette e saltare la coda al supermercato.

Ti guardo: dormi tranquillo mentre io mi rigiro nel letto, mi verrebbe voglia di scuoterti. Probabilmente, nella mia pancia le cellule stanno giocando a chi si moltiplica prima. Possibile che per te non sia pazzesco? E dire che hai pure le cozze da digerire.

Durante la veglia, nell'ordine, penso a: la faccia di mia madre quando le darò l'annuncio, dove mettere tutti gli scatoloni che ora ingombrano la cameretta, le contrazioni (saranno davvero dolorose come dicono?). Finalmente, mi ricorderò di prenotare la visita dalla ginecologa? Se non siamo "incinti", ci riproviamo subito! Domani niente idromassaggio, anzi, prima facciamo il test e poi decido. Chissà quando inizierà a muoversi nella pancia? Se gli parlo adesso, mi sentirà? Sarà sano? O sana? Tanto lo so che è una femmina.

Mi avvicino a te che respiri profondamente. Li senti i miei pensieri? Ti prendo la mano e dopo un po' mi addormento.

Al risveglio, mi sento stordita, ma allegra. Ho dormito proprio poco. Tu hai una faccia da vacanza, mentre ti fai la barba di là. Ho la sensazione che abbia poca voglia di stare con me. Ti raggiungo canticchiando e ti faccio il solletico.

«Allora, ci proviamo?».

«A fare tiro con l'arco?».

Ti do una pacca sulla schiena, mi piace quando fai lo spiritoso.

«Oggi è il grande giorno! Si fa il test».

«Ah già, me ne ero dimenticato».

So che per te non è semplice affrontare questa possibile novità. Sei a tuo agio nel noto. Con l'ignoto sei un diesel. Ormai ti conosco. Se sai che devi preparare tu la cena, tutto fila liscio. Ma se resto bloccata in autostrada e sei costretto a improvvisare, ti fai prendere dal panico.

Abbiamo parlato tanto della possibilità di avere un figlio, è stato il mio argomento preferito nell'ultimo anno.

Ci vestiamo in fretta, facciamo colazione e usciamo in macchina. È incredibile, alla radio passano solo canzoni che sappiamo a memoria. Io canto a squarciagola, mentre tu inizi e poi ti spegni, come se non ricordassi le parole.

«Fermati, chiedo a qualcuno dov'è la farmacia». Perché gli uomini non vogliono mai domandare ai passanti? Aggiriamo la zona pedonale, blocco al volo una persona mentre tu rallenti appena.

«Una farmacia, per favore?». Chissà che cosa penserà la signora. Vorrei gridarle: "Lo sa che forse sono incinta?".

Parcheggiamo, scendo io, corro. Il movimento fa bene.

«Un test di gravidanza, grazie».

Quale mi consiglia? È meglio prenderne due? Lei li ha già provati? Grazie al cielo, queste curiosità le tengo per me. Esco trionfante, sorridendo ai signori in coda. Saltello verso la macchina.

«Trovato!».

«Bene, allora torniamo in albergo».

Sento che sei teso. Quando sei agitato la tua pelle cambia odore.

«Bisognerà prendere un'altra auto. Il bagagliaio è troppo piccolo. E poi, dovremo ritinteggiare casa. In vacanza, l'anno prossimo, meglio scegliere una spiaggia con la sabbia. Tornerai presto la sera? Ti piacerò anche quando sarò tutta pancia e nausee?».

Ti investo di domande, e tu mi rispondi senza fare nemmeno una battuta. Mi manca il tuo sorriso. Perché non urliamo insieme "Viva il test"?

Entriamo in camera. Tu leggi le istruzioni, io sono troppo agitata. Ci sono poche frasi e un sacco di immagini, lo capirebbe anche un bambino come si fa, ma voglio il tuo aiuto. Mi faccio guidare da te passo passo.

Allora vado... La pipì più importante della mia vita! E se non mi scappasse? Impossibile: nel dubbio, stamattina non l'ho fatta, ho la vescica che mi scoppia.

Tu supervisioni. Chiudo il cappuccio e appoggio lo stick sul lavandino.

«Che cosa facciamo? Stiamo qui a guardare o andiamo di là?».

Ti prendo la mano e ci sediamo sul letto.

«E se non sono incinta?».

Tre minuti di suspense. Dopo due, ti alzi. Mi piace quando affronti la realtà con decisione. Sei forte anche quando hai paura. Ti supero. Voglio essere la prima a sapere.

«È fatta!» urlo, sperando che la cameriera non allerti la reception. Ti siedi sul letto, io ti salto addosso e ti bacio. Non riesco a fermarmi. Sono una mamma! Lo dicevo che questa pancetta aveva una spiegazione scientifica.

Tu resti immobile. Mi dici: «Non ho parole».

Qualcosa potresti inventare, almeno per evitare che il cuore mi scoppi. Per esempio: "Sarai una mamma eccezionale, avrai latte a fiumi e non metterai mai un pannolino a rovescio".

Ho bisogno del tuo aiuto per restare con i piedi per terra. Dimmi almeno che a pranzo mi porti in quel ristorantino sulla spiaggia, invece che al bar a mangiare un panino. Dimmi che hai voglia di fare un bagno, ma dimmi qualcosa. Ho bisogno di sentire la tua forza, perché da sola non riesco a contenere tutta questa gioia. Ho la pancia ancora troppo piccola.

♂ Come la vede lui

Una corsa a caccia di una farmacia. Ce lo diciamo da giorni, ma oggi lo stiamo facendo. Sta succedendo. Qui, in un'altra regione, lontano dai posti che frequentiamo di solito, andiamo alla ricerca del verdetto che potrebbe cambiare la nostra vita per sempre. In questi giorni di vacanza, mi sono chiesto più volte che cosa sarebbe di noi, se scoprissimo che diventeremo genitori. E non capisco perché i miei pensieri sono tutti catastrofici. Sembra di stare in un film come *Inferno di cristallo* o *2012*. Come se avere un figlio fosse l'apocalisse. Perché, in questo momento, immaginare che stia per accadere qualcosa che desidero da sempre mi fa tanta paura?

In effetti, me ne ha sempre fatta. Mi muovo bene nei territori di cui conosco alla perfezione caratteristiche e confini. Ogni novità mi trova sempre dubbioso e guardingo. Di fronte a una sfida, per prima cosa mi chiedo: ce la farò? Anche all'idea di diventare papà, questa è la domanda che mi frulla in testa da giorni: ci riuscirò? Che padre sarò? Come me la caverò con bagnetti e pannolini?

E poi, una cascata di suggestioni e immagini mi investe, non riesco a fermarla. Mi vedo già sveglio di notte con il pupo in braccio che non vuole addormentarsi, due occhiaie viola scuro che arrivano alle ginocchia, io che al mattino mi presento al lavoro e mi addormento davanti ai pazienti, oppure sbadiglio incessantemente, finché non si alzano e se ne vanno scuotendo la testa.

Perché mi sembra di essere così impreparato e inadeguato al compito? Perché avere un figlio dovrebbe rivelarsi un clamoroso autogol per la mia esistenza? Sono questi i pensieri che continuano ad agitarsi nella mia testa mentre ti aspetto. Siamo finalmente riusciti a trovare una farmacia. Esci dalla porta con il sacchetto in mano e alzi le braccia verso il cielo, in segno di vittoria. Sorridi.

Come è possibile che abbiamo reazioni tanto diverse di fronte allo stesso evento? Dal primo momento in cui un ritardo ci ha fatto sospettare che forse stavolta era quella giusta, che il pargolo finora sognato era in arrivo, tu sembri non stare più nella pelle. Quando ti ho detto, due giorni fa: «Andiamo a prendere un test di gravidanza?», hai risposto: «Aspettiamo ancora due o tre giorni, non vorrei che lo facessimo troppo presto e ci rovinassimo la sorpresa solo per eccesso di zelo». Tu sei fatta così. Preferisci aspettare e sognare, mentre io vorrei sapere tutto subito. Avevi lo sguardo colmo di cielo e mare, in questi ultimi due giorni.

Sali in macchina e continui a sorridere. Dici: «Non guidare... Vola, che non sto più nella pelle».

Mentre divoro la strada che ci separa dal momento della verità, immagino la stessa scena tra nove mesi, quando dovrò volare sull'asfalto per non far nascere mio figlio in auto. Nel frattempo, continui a parlare, a ripetere: «Chissà se è vero, dài, vai veloce, prima arriviamo, prima sappiamo».

Entro nel parcheggio dell'albergo. Scendi e tieni tra le mani il sacchetto della farmacia, come se fosse un tesoro prezioso. Ti seguo. Poi torni indietro e mi prendi per mano. Stringi forte. Mi dici: «Saliamo».

Una volta nella stanza, apri la confezione. Io leggo le istruzioni. Niente di complicato. Devi urinare sul tampone e poi bisogna guardare le righe verticali che compaiono in due differenti finestrelle. Una linea: nessuna novità. Due linee: diventeremo genitori.

Sento il rumore della pipì. È strano che un momento così importante sia suggellato da uno scroscio di urina. Guardo l'orologio. Aspetto che passino i tre minuti richiesti. Il cuore batte così forte che lo sento in gola. Ho la bocca secca. Non riesco a pensare a nulla. È tutto bloccato. Congelato. Tu, invece, ti muovi nella stanza e chiedi ogni pochi secondi: «Quanto manca? Guardiamo? Aspettiamo? Che cosa ne pensi? Perché non parli?».

Non parlo perché non so che cosa dire. Sembra impossibile: la tua vita sta per cambiare e non trovi una sola parola per commentare quest'istante.

Infine, mi alzo e vado verso il bagno. La realtà va affrontata. Tu mi sorpassi correndo. Un urlo. «È fatta!» gridi.

Torno indietro. Vieni da me, mi baci e mi abbracci.

Resto lì, sul letto. È l'unica cosa che so fare: stare seduto mentre mi stringi e mi baci ovunque.

Eccolo, il mio primo minuto di paternità: se qualcuno mi fotografasse ora, apparirei come una statua di sale.

Poi ti guardo e mi escono solo tre parole: «Non ho parole».

Tu sorridi e rispondi: «Ne avrai, stai certo che ne avrai».

♀♂ La sfida

È l'inizio di tutto, il confine tra due fasi ben distinte della vita: da questo momento, ci sarà un prima e un dopo. Prima di un test di gravidanza positivo, siamo semplicemente un uomo e una donna. Dopo, ci trasformiamo in un padre e una madre. Una volta viste le due linee rosa, qualsiasi cosa facciamo, qualunque decisione prendiamo, per un po' la testa si trova sospesa tra immagini, pensieri ed emozioni che non riusciamo a tenere sotto controllo.

In molti casi, è il coronamento di un desiderio comune: generare un segno concreto del sentimento che ci unisce. Lo sballo sperimentato nella fase dell'innamoramento ha aperto la strada all'amore.

All'inizio di una storia (in genere i primi sei-otto mesi), gli ormoni sono molto attivi e scatenano nel corpo reazioni simili a quelle di sostanze psicotrope. Non vediamo i difetti dell'altro. Il pensiero critico, sviluppato soprattutto nelle donne, viene messo a tacere.

La vicinanza sperimentata nell'innamoramento sviluppa l'attaccamento, l'ingrediente di una relazione amorosa destinata a durare nel tempo. Si attenua la sensazione di "farfalle nello stomaco" e, man mano che ci frequentiamo, diventiamo più consapevoli delle differenze con il partner. Il sentimento perde intensità, ma diventa più stabile e durevole. La coppia sperimenta una sensazione di calma e di pace meno dispendiosa sul piano energetico, rispetto alla continua caccia e tensione verso l'altro delle fasi iniziali. Perché il legame si mantenga forte e vivo, tuttavia, va nutrito costantemente: coccole, vicinanza fisica, attenzione reciproca favoriscono il rilascio dei due ormoni definiti "dell'amore", ossitocina e vasopressina.

Spesso la gravidanza si colloca in questa fase, in

cui abbiamo raggiunto un buon equilibrio a due. Altre volte, arriva a sorpresa, prima ancora di iniziare a pensarci. In questo caso, possiamo trovarci ad affrontare nello stesso tempo diversi aspetti molto impegnativi:

- valutare la tenuta e la qualità del rapporto e decidere se ha le carte in regola per trasformarsi in un legame duraturo;
- considerare le implicazioni e le responsabilità che comporta diventare genitori.

Davanti al test, donne e uomini assumono comportamenti molto differenti, che dipendono da quanto, in quel momento della vita di coppia, desiderano e cercano un figlio. Una cosa è certa: mentre per le prime un test positivo è un evento sociale da condividere e comunicare a tutto il mondo, nei secondi produce una reazione più privata, uno tsunami che può destabilizzare e perfino mettere in crisi la sicurezza di sé.

Dopo l'annuncio, la gestante si trova letteralmente circondata da donne desiderose di sapere, sentire, condividere, parlare.

L'uomo, invece, rimane spesso silenzioso e solitario. Quando si apre con gli amici, molti si complimentano e poi cominciano a lanciare strani anatemi, del genere: "Vivi finché ti è possibile, mangia, viaggia, ama, divertiti, perché poi non potrai fare più nulla di tutto questo". Nelle conversazioni al maschile, non di rado l'argomento principale è tutto ciò che non potrà più essere, succedere, continuare nella quotidianità, come se la nascita di un bambino rappresentasse non un punto di svolta e trasformazione della nostra vita, ma un ostacolo che ci blocca e ci priva di qualcosa.

Le donne sono coinvolte in modo molto più attivo e partecipativo, si confrontano su tutto: paure e speranze, desideri e consigli. Insomma, fanno gruppo e condividono, mentre i compagni tendono a nascondersi dietro steccati e barriere e si affrettano a tornare in un territorio familiare: parlano di lavoro e si concentrano molto più sul loro ruolo sociale e professionale che sulla vita privata.

Per la futura mamma tutto si amplifica, si fa più ricco, pieno, a volte addirittura esagerato. I discorsi si popolano di parole come "felicità", "emozione", "incredibile", "bellissimo", accanto a espressioni quali "Speriamo che sia sano", "Non vedo l'ora di dirlo a tutti", "Non posso crederci".

I papà restano quasi storditi, increduli, spesso muti. Ecco come spiega la reazione maschile tipica Gerardo, trentasei anni, in attesa del primogenito:

Mi sembrava tutto strano. Dentro di me c'era la rivoluzione, trascorrevo ogni minuto della vita pensando al bambino che sarebbe nato e al padre che sarei stato per lui. Ma fuori non traspariva nulla. Con gli amici e i colleghi continuavo a condividere conversazioni abitudinarie, come se niente fosse. All'esterno non si notava alcuna differenza, succedeva tutto all'interno, e non riuscivo a tradurlo in parole. Per un bel po' di tempo dopo la notizia, devo aver dato la sensazione di essere congelato. Mia moglie, ogni tanto, si avvicinava, schioccava le dita e mi diceva: «Ehi, ci sei? Sei connesso? Sei qui o da un'altra parte?». Aveva ragione. A me sembrava di stare con lei e in un altro posto allo stesso tempo. In poche parole, non sapevo nemmeno io dov'ero.

IL FILM DA VEDERE

—

SHRECK III

di Raman Hui, Chris Miller

animazione, Usa, 2007, 92 minuti

—

Nel terzo episodio della serie, Shreck e Fiona diventano genitori. La scena dell'annuncio della gravidanza è emblematica e spassosa allo stesso tempo. Shreck è su una nave e sta per partire con i suoi amici verso una destinazione lontana. Fiona è sulla terra ferma, e tra mille rumori e distrazioni cerca di comunicare al marito che è incinta e che dopo nove mesi sarebbe nato il loro bambino.

Spunti di riflessione
Guardate insieme questo passaggio del cartone animato e parlatene.

- Qual è la prima reazione di Shreck all'annuncio di Fiona?
- Perché, secondo voi, si comporta così?
- Qual è il primo gesto che Fiona riceve da chi le è accanto?
- Che cosa fanno, invece, gli amici di Shreck?
- Che cosa sogna Shreck dopo la notizia? Perché fa proprio questo sogno? A voi è capitato di fare sogni particolari dopo aver scoperto che sareste diventati genitori?

♀ Nella mente delle donne

Per una futura mamma il bisogno più grande resta sentirsi apprezzata. La paura di perdere relazioni solide e il sostegno che ne deriva è la principale causa di stress. Se all'annuncio della gravidanza il partner si allontana o si mostra meno disponibile e coinvolto, nella donna si scatena un'ansia da abbandono che condizionerà lo stato d'animo anche nei confronti del bambino. Se, invece, la gioia è condivisa, ci saranno le premesse per vivere serenamente i nove mesi di attesa.

La gravidanza rappresenta un momento strategico per allenare la capacità di comprendersi e cooperare. Il papà deve rassicurare la mamma restandole vicino durante tutte le fasi di trasformazione fisica e psicologica.

L'istinto materno è presente già prima del concepimento. Molte esperienze, quali l'incontro con un'amica che ha appena partorito o il sorriso di un bambino, attivano la produzione di ossitocina, che suscita il desiderio di maternità. In alcuni momenti della vita, questa reazione può essere inibita, se si è sottoposte a un gran numero di esperienze stressanti, come si è riscontrato in molte donne dedite alla crescita professionale. Tuttavia, basta la vista delle due righe rosse sul test perché il cervello inizi la rivoluzione.

A due settimane dal concepimento, l'ovulo fecondato si impianta nell'utero. La danza degli ormoni prende il via e ogni mutamento ha la funzione di facilitare il proseguimento della gravidanza. Le nausee e la forte sensibilità agli odori testimoniano la maggiore attenzione a non ingerire cibi dannosi per il feto, la sonnolenza invita a stare più tempo sdraiate, a riposare di più, a rallentare.

Diversi studi pubblicati di recente hanno sottolineato che, al di là degli sbalzi ormonali e umorali, la maternità è un toccasana per il cervello femminile. Se siete in dolce attesa, dunque, potete stare tranquille. Lo stesso vale anche per chi non si sente ancora pronta a *diventare madre: secondo gli psicologi della Chapman University, in California, i cambiamenti cerebrali che si verificano durante la gestazione la preparerano al difficile compito che la aspetta. In inglese si parla di* "pregnancy brain" *o* "mommy brain" *per indicare questa condizione mentale. «La maternità è un periodo critico per il sistema nervoso centrale» spiega Laura Glynn*[2]*. Il flusso di ormoni che invade il corpo, infatti, è di gran lunga maggiore rispetto a quello dell'adolescenza.*

La gonadotropina corionica (Hcg), l'ormone che annuncia l'avvio della gravidanza, può causare sbalzi di umore e nervosismo soprattutto nei primi mesi, ma il progesterone, prodotto per favorire il progresso della gestazione, ha un effetto positivo. È proprio grazie all'Hcg che lo stick vi ha regalato due righe rosse e il vostro viaggio è iniziato.

♂ Nella mente degli uomini

Che cosa succede ai papà quando scoprono di aspettare un figlio? Tanto per cominciare, dormono meno e un po' peggio di prima. Forse la natura e l'evoluzione li preparano così alle veglie forzate che ogni genitore

---

[2] Laura M. Glynn, Curt A. Sandman, *Prenatal Origins of Neurological Development A Critical Period for Fetus and Mother*, «Current Directions in Psychological Science», vol. 20, n. 6 (2011), pp. 384-389.

deve saper affrontare nei primi tempi dopo la nascita. O forse è semplicemente la conseguenza di un'ansia reattiva difficile da domare, almeno per una percentuale significativa di individui, che si fa sentire soprattutto nelle ore notturne. Un dato è certo: una ricerca condotta su 600 neopapà conferma la modifica dei ritmi del sonno nella popolazione maschile dopo la notizia. Il 27% (più di uno su quattro) ha dichiarato di aver avuto problemi di riposo durante i mesi di attesa e la percentuale ha superato il 50% nel gruppo di origine straniera (che rappresentava il 10% del campione totale). I disturbi crescono di pari passo con l'età del soggetto, e non sono legati a un'insonnia precedente, perché ai partecipanti è stato chiesto di specificare solo le anomalie insorte in occasione della gravidanza. Probabilmente, sono indicativi del processo che il cervello maschile deve compiere in nove mesi.

Mentre il bambino è nel grembo della madre, ed è una presenza viva e oggettiva, che genera trasformazioni altrettanto tangibili, per l'uomo l'attesa è un evento completamente virtuale. La mente è l'unico luogo in cui il nascituro trova posto. Per questo si dice che i figli nascono nella pancia della mamma e nella testa del papà. L'operazione non è facile, perché ogni pensiero necessita di uno spazio e un tempo per essere elaborato, fino a viverlo con sicurezza e tranquillità. Per ottenere questo risultato, bisogna imparare a parlare, parlare e ancora parlare. Alle donne riesce abbastanza bene, agli uomini un po' meno: preferiscono buttarsi nell'azione, sentirsi attivi e impegnati in qualcosa, per non lasciarsi travolgere da emozioni e pensieri.

Ma durante la notte, sdraiati, non c'è altro da fare che stare con se stessi, in ascolto del proprio respiro. In questa fase di inerzia, la mente può liberarsi di tutte le briglie che la tenevano incatenata durante il giorno e galoppare, riportando a galla ciò che si è evitato accuratamente nell'attività fervida della veglia. È questo che rende difficile addormentarsi, provoca risvegli frequenti o fa aprire gli occhi all'alba, senza alcuna possibilità di tornare tra le braccia di Morfeo.

Tranquilli, se vi sta succedendo questo, è un passaggio inevitabile, forse addirittura auspicabile: è così che il bambino comincia a farsi spazio dentro di voi, a costruire la sua relazione con la figura paterna. Certo, sarebbe meglio dormire di più e al mattino sentirsi più freschi e riposati. Allora, seguite il consiglio: durante il giorno, parlate di tutto ciò che vi passa per la testa. Fatelo con la vostra compagna, con un amico fidato che è già diventato padre, eventualmente con uno psicologo. E vedrete che la notte tornerete a fare sogni d'oro.

♀ I consigli di mamma a papà

Dopo aver scoperto che siamo incinte:

- *se organizziamo un annuncio a sorpresa, mostrate un briciolo di entusiasmo, anche se siete sfiniti e un collega in ufficio vi ha appena pugnalati alle spalle. Immaginate di essere allo stadio a vedere la finale di Champions League della squadra del cuore;*

- *concentratevi sul bicchiere mezzo pieno, sebbene ci siano molti buoni motivi per spendere due parole sulla metà vuota;*
- *chiedeteci che cosa stiamo provando. È un ottimo sistema per prendere tempo e ci regala l'illusione che vi interessino davvero i nostri pensieri. Ps: mentre rispondiamo, evitate di sbadigliare o di guardare il cellulare;*
- *ricordatevi di comprare un fiore (solo per questa volta, acquistatelo da un fioraio, anziché a un semaforo), e se proprio volete stenderci, scrivete anche un biglietto. Su internet ci sono un sacco di aforismi buoni per l'occasione... Certo, una frase tutta vostra sarebbe davvero uno shock;*
- *se proprio non riuscite a essere felici perché la paura ha il sopravvento su ogni altra emozione, almeno state zitti. Evitate di elencarci tutti i problemi che dovremo affrontare, compresa le scelte universitarie del nostro tesoro non ancora nato.*

♂ I consigli di papà a mamma

Dopo aver scoperto che il test è positivo:

- evitate di chiamare subito vostra madre, le sorelle, le zie in Australia e dare a tutti l'annuncio, così che in meno di un'ora la casa viene invasa come al pranzo di Natale. Datevi tempo, non c'è bisogno di fare tutto subito;

- non aspettatevi da noi la frase del secolo. Forse arriverà, prima o poi, ma non al primo secondo dopo l'annuncio. In quel momento, facciamo già parecchia fatica a rimanere fermi, lucidi, connessi, evitando un sorriso ebete;
- non serve precipitarsi a spostare i mobili del ripostiglio che diventerà la cameretta del pargolo. E neanche collegarsi al sito di una catena di negozi per l'infanzia per scegliere la carrozzina;
- parlate, ma per un po' tacete anche. Alternate silenzi e discorsi in un flusso armonico. Non dobbiamo dirci tutto ora. Abbiamo nove mesi per farlo;
- sì, è vero, il momento è importante, bisogna festeggiare, dobbiamo essere felici, ci vogliono fiori, champagne e fuochi d'artificio. Ma se non facciamo nulla di tutto questo, non vuol dire che non vi vogliamo più bene o che non desideriamo il bambino. Siamo solo frastornati.

CAPITOLO 2

L'attesa

♂ Come la vede lui

Me ne parli da settimane. Il tuo corso di preparazione al parto è un momento bellissimo.

«Per fortuna che lo hanno inventato» continui a ripetere. «Dovresti venirci sempre anche tu».

«Certo cara, ma se vengo a tutti gli incontri, mi spieghi come li compriamo il passeggino di design svedese, la fascia più comoda che esista e le due radioline per sentirlo respirare anche quando siamo in un'altra stanza?».

«Va bene, va bene, tutti uguali voi uomini, pensate solo a lavorare. Però promettimi che quando c'è l'incontro per i papà, ci vieni senza fare scene».

Ed eccomi qui: stamattina mi faccio la barba come al solito, ma quando uscirò dalla porta di casa non andrò al lavoro. Verrò con te al consultorio e parteciperò finalmente all'incontro: insieme è meglio, perché i papà fanno la differenza quando sta per nascere un bambino.

«Scusami tanto: ma c'è bisogno di un corso per spiegarmi che sono importante? Altrimenti, secondo te, rimarrei lì, in un angolo, a osservare la nascita e la crescita del nostro capolavoro senza sapere che cosa fare?».

Quando ti ho fatto questa domanda, ti sei messa a ridere e poi mi hai chiesto: «Qual è la differenza che ha saputo fare tuo padre nella tua vita?».

«Ha sempre lavorato come un matto, si è dato un gran daffare e non mi ha mai fatto mancare nulla. Se sono arrivato dove sono oggi, lo devo senza dubbio anche a lui».

«Sì, tesoro, però io non intendevo la differenza che ha fatto il suo stipendio per il tuo percorso professionale. Volevo dire: che cosa ti ha insegnato sulla paternità, sull'avere un bimbo piccolo, su che cosa fare quando gli sei accanto?».

«Accanto? Come accanto? Lui non poteva stare con me, perché era sempre al lavoro, e quando tornava a casa era così stanco, ma così stanco, che doveva andare a riposarsi. Però a tavola c'era sempre. Ecco che cosa ho imparato: che si deve sempre mangiare con i figli».

«Ah, ottimo,» hai risposto «quindi è lui che ti ha dato le prime pappe, e poi ti ha insegnato a tenere in mano le posate, a non sbrodolarti con il minestrone e a rimanere seduto senza fare capricci».

«Ma che c'entra? Che cosa stai dicendo? Io ti sto parlando dell'adolescenza, quando una figura paterna serve davvero, perché ti aiuta a orientarti tra mille rischi».

«Va bene, allora vuol dire che devo aspettarmi di avere al mio fianco un padre surgelato fino a quando il ragazzo non avrà l'età per la patente. A quel punto, ti scongelo, così intervieni e gli salvi la vita se si mette al volante ubriaco o se i vicini lo vedono fare le impennate con il motorino».

"Un padre surgelato. Bella immagine" penso. Però non glielo dico. In effetti, ripercorrendo la storia della mia crescita, posso confermare che ho avuto un genitore ibernato, almeno fino all'adolescenza. Poi, lo hanno tirato fuori dal freezer, e a partire dai quattordici anni si è fatto sentire. A volte, anche troppo. Prima di allora, ammetto che non ho molti ricordi, per esempio di me bambino al suo fianco mentre giochiamo o facciamo insieme qualcosa di divertente. Lui lavorava sempre, e quando era a casa si riposava perché era stanco. Punto e basta.

«Forse mi serve studiare un po' la materia» ho ammesso a voce alta, perché sentissi bene le parole che uscivano dalle mie labbra. «E va bene, verrò al tuo corso di preparazione al parto».

«Non è il mio corso, tesoro, è il nostro corso: è aperto sia alle mamme, sia ai papà, che sono i benvenuti dalla prima all'ultima lezione. Poi, dal momento che quasi nessun padre si presenta, hanno deciso di inserire due incontri appositamente per voi, così almeno a quelli venite, e non sembrate invisibili».

Invisibile: ecco che cosa non voglio essere per voi due. Invisibile. Io voglio essere visibile. Voglio che mi vediate. E voglio vedermi mentre mi vedete.

Forse è stato questo a convincermi che venire al corso di preparazione al parto insieme a te è importante, e non significa soltanto assolvere una formalità.

Entro e ci sono altri futuri padri. Un'ostetrica ci fa familiarizzare con tutto quello che succederà in sala parto e poi ci insegna un massaggio che allevierà i dolori del travaglio.

Ma più di tutto mi piace sentire che cosa hanno da raccontare i miei consorti. Anche loro dicono che a volte si sentono impauriti dalla rivoluzione che sta per abbattersi sulla propria esistenza.

Mi consolo, quando, durante una pausa, mi ritrovo a parlare con un altro papà in attesa. Mi racconta che è un pilota d'aerei e, un po' imbarazzato e con un fil di voce, afferma di sentirsi molto più tranquillo se pensa di far atterrare un jet con 200 passeggeri a bordo in mezzo a un temporale, piuttosto che all'idea di cambiare il pannolino o fare il bagnetto al suo pargolo in arrivo.

Insomma, noi uomini siamo più intimoriti da un fagottino di nemmeno 4 chili che da un jet di svariate tonnellate in balia di una bufera. Però, poi ho pensato che, se io e il pilota viviamo le stesse identiche paure ed emozioni, forse è perché è inevitabile che la nascita del primo figlio ti sconvolga in modo totale e assoluto. Magari, diventare genitore significa anche questo: imparare a prendere atto delle tempeste emotive dentro di noi e, invece di spaventarci e fare finta di niente, condividerle, confidandole a chi ci vive a fianco.

Ecco, devo proprio dirtelo: il momento del corso che mi è piaciuto di più è stato l'intervallo, quando, bevendo un caffè, ho parlato con il pilota d'aereo. Non puoi dire all'ostetrica che a noi, più che imparare come massaggiarvi durante il travaglio, piacerebbe andare in un'altra stanza, magari con uno psicologo uomo, e imparare non a fare qualcosa per voi, ma qualcosa per noi? Secondo te, chiedo troppo?

♀ Come la vede lei

Ho iniziato il corso di preparazione al parto. È incredibile. Ho smesso di lavorare da poco e già mi ritrovo con una serie di impegni a tempo pieno per prepararmi alla nascita. Quando ho letto il programma del corso a mio marito, è rimasto secco.

«È un master?» mi ha chiesto serio.

Gli ho detto che avrei tanto voluto andarci sempre con lui.

Mi ha sorriso: «Ti sembra che io possa avere il tempo? Devo andare a procacciare il cibo!».

Ho intravisto nei suoi occhi l'orgoglio dell'uomo delle caverne.

Io, invece, ho intenzione di frequentarlo tutto. Ho voglia di conoscere altre mamme con il pancione e di fare a qualcuno le mille domande che ho in testa.

Ultimamente, non parlo altro che della gravidanza, ho il cervello risucchiato dal nanetto nella mia pancia. Mi sono dimenticata del compleanno della mia migliore amica. Non ci posso credere. Non mi era mai capitato. E dire che quel giorno le avevo anche telefonato per chiederle se mi prestava i body taglia zero di suo figlio. Avrà pensato che non valeva più la pena cercarmi.

Ho perso traccia degli spostamenti di lavoro di mio marito. Gli faccio le stesse domande tre volte. Mi chiedo come possa resistere a fianco di un cervello tanto atrofizzato. La sera, mentre mi parla sul divano, sbadiglio così tanto che temo mi si blocchi la mandibola. Ho provato un sacco di posizioni per tenermi sveglia, ma a lui non piace che lo ascolti facendo stretching, e allora che non si lamenti!

In effetti, ho un sacco di pensieri che mi frullano in mente. Non riesco a smettere di spulciare internet. Ci sono siti pazzeschi dove immolerei la carta di credito.

«Ti rendi conto?» ti ho detto l'altra sera «Vendono la pelliccia di pecora da mettere nella carrozzina. Vera, mica di peluche!».

Mi hai guardata con compassione. E grazie al cielo non ho specificato quanto costava. Ti ho anche fatto vedere un bellissimo lettino in betulla intagliato a mano, un pezzo unico, anche nel prezzo.

Sono posseduta dall'istinto materno, sarà che appena esco di casa non faccio altro che parlare della mia pancia.

Tutti mi chiedono quando nascerà, anche perfetti sconosciuti, compresi gli uomini: il postino, il vigile, la cassiera. Non mi sono mai sentita tanto al centro dell'attenzione. Forse sembra brutto ignorarmi.

«Ma che bella pancia a punta... è maschio?» (i preveggenti), «La pancia ti è scesa da ieri» (gli amici con i rilevatori laser), «Sei tutta pancia» (quelli che vogliono farti sentire magra), «Ormai ci siamo» (chi non ti vede spesso), «Certo che dev'essere un'emozione immensa sentire il tuo cucciolo che danza dentro di te (i poeti)», «Mio Dio, come fai a resistere con quel peso? Non puoi farlo uscire prima?» (le zie single). «Che invidia, com'era bello avere il pancione» (le mamme nostalgiche di una certa età), «Posso toccarla?» (i più audaci), «Dovresti provare...» e qui ciascuno ti confida il consiglio che serbava nel cuore da sempre apposta per te. Mi fermo, ma potrei continuare.

Non è colpa mia se mi si è attivato il monopensiero. Se penso a te, ti immagino con il pargolo in braccio nel cuore della notte, mentre io dormo beata. Ecco i miei sogni erotici del momento.

Mi manchi quando provo a portare su dal garage il fasciatoio che ci ha dato tua sorella.

La notte, a letto, ti prendo la mano quando il pupo si muove come Pelé o Carla Fracci (perché insistiamo a non voler sapere se è maschio o femmina).

Ti desidero quando ho i piedi gelati e tu non sei ancora a letto.

L'altra sera, quando ti sei infilato sotto le coperte, mi hai fissata con uno sguardo strano. Mi hai accarezzata. Io ti davo buffetti sulle guance, tu mi baciavi. Io ero a pancia in su, tu su un fianco per potermi stare vicino.

Perché non riesco a smettere di pensare a quale fascia portabebè comprerò? Aiuto! Voglio tornare a essere una donna! Corpo, vieni in mio soccorso, riprendi vita, che fine hanno fatto tutte le tue terminazioni nervose? Mi sento anestetizzata, sono già oltre. Mi spiace dirtelo, caro, ma sono proiettata sul postparto, datti pace.

È un po' che non facciamo l'amore, ci sarà un motivo? Mancano solo quaranta giorni (più o meno) alla nascita. Poi, un altro mesetto, giusto per smaltire i postumi per l'uscita del nostro gioiello (il pensiero che una testa possa uscire da lì non smette di impressionarmi) e ti prometto che ritroverò tutta la mia femminilità. Forse per un po' smetterò anche di venire a letto con il tuo pigiama e comprerò una camicia da notte di pizzo.

Penso a queste cose mentre tu, instancabile, cerchi di riportarmi lì con te. Poi, succede qualcosa, i sensi si risvegliano e la voglia di te mi esplode dentro. Mi sembra un miracolo, una pausa forzata dal delirio per il parto. Sono di nuovo tua moglie. Sono contenta di non averti fermato, e soprattutto che tu mi abbia aspetta-

ta. Sono viva! Ho sempre avuto tempi più lunghi dei tuoi, ma ora lo scarto mette a dura prova il tuo desiderio. Mi piace scoprirti così tenace, ora riesco a sentirti, e il cuore mi scoppia di gioia. Abbiamo fatto l'amore ed è stato bellissimo.

Oggi, per la prima volta, arrivo al corso di preparazione al parto pensando a te.

«Ciao, come stai bene con la salopette! Belli i tuoi pantaloni in tela indiana, sono comodi? Dove li hai comprati? Ti è passato il mal di pancia con la fascia? Ti ho portato il libro di cui ti parlavo. Ho visto il sito che mi dicevi...».

Oggi al corso si parla di cordone ombelicale e del primo bagnetto. C'è anche un uomo. Uno su dieci. Chissà che lavoro fa per essere qui. È strano, di solito siamo solo donne.

Sappi che sono disposta a tutto, ma non a occuparmi del cordone ombelicale. L'idea di dover maneggiare quella protuberanza viva mi fa un'impressione insuperabile. E se si apre? E se esce tutto? Il cordone ha unito me e questo esserino per nove mesi, ora sta a te celebrare la fine della sua funzione. È da smaltire. Resto tranquilla perché so che lo saprai fare. Sono mosse prevedibili, che non riservano sorprese. Pulire, fasciare, tenere sotto controllo.

In compenso, ti prometto che gestirò i cambi di pannolino impossibili, quelli dove non si salva niente, nemmeno i capelli. Fa parte dei compiti delle mamme, almeno in casa nostra.

Tra quattro giorni sarà il tuo turno. Finalmente verrai insieme a me all'incontro Papà in sala parto, come rendersi utili.

La prima cosa che hai fatto pensando a questo momento è stata preparare un CD. *Spero tu abbia messo tanto* heavy metal *per coprire le mie urla. Hai detto che sarà una sorpresa... probabilmente per te e l'ostetrica, perché credo proprio che io avrò altro a cui pensare. Mi hai accennato all'ipotesi di portare anche qualche cioccolatino per rendere più dolce il momento. E perché non una bottiglia di champagne per festeggiare la nascita? Allertiamo il catering?*

Ho una paura folle del parto. Godo della beata innocenza di chi non ha mai provato, di chi non sa, ma la gente attorno a me muore dalla voglia di raccontare. Leggo sui volti di chi ci è già passata espressioni inequivocabili quando chiedo: «Com'è andata?». Vi prego, mentite!

Quando ti domando se ce la farò, tu mi rispondi: «Certo amore, ce l'hanno fatta tutti».

Eh già, ce l'hanno fatta tutte*, amore, tutte, perché solo le donne posso essere tanto forti. Durante il travaglio me ne devo ricordare!*

♀♂ La sfida

Il corso di preparazione al parto significa fare spazio nella mente al bambino che sta per nascere.

Le mamme lo portano in grembo. Per loro è impossibile non sentirne la presenza, non fargli posto dentro di sé e nella propria vita. I papà, invece, possono farlo crescere soltanto nella mente. Durante tutta la gravidanza, manca loro la percezione concreta.

Anche se la letteratura scientifica parla, in alcuni casi, di sindrome de Couvade (l'equivalente della gravidanza isterica della donna, che avverte sintomi corporei quali nausea, vomito e dolori addominali, pur senza essere incinta), il dato di fatto è che l'unico spazio in cui l'uomo può far nascere e crescere un figlio nei nove mesi di attesa è la sua mente.

I corsi di preparazione al parto sono uno strumento molto utile per entrambi i futuri genitori, in quanto permettono di condividere con altri un passaggio che spesso genera dubbi, paure ed emozioni intense, ma soprattutto consentono di arrivare all'evento della nascita con il giusto spirito e con un bagaglio di informazioni adeguato.

Le donne hanno una propensione naturale ad approfondire l'argomento. Lo sa bene anche l'editoria specializzata, che ogni anno riversa sugli scaffali delle librerie decine di nuovi titoli. Alcune, addirittura, si perdono in una forma di bulimia informativa: vogliono leggere ogni testo disponibile, sapere tutto, conoscere i dettagli.

Gli uomini sono molto diversi. Si preparano poco,

hanno un approccio più concreto: "Quando succederà, imparerò tutto quello che c'è da imparare ed eventualmente andrò a cercare le informazioni che mi serviranno in quel momento specifico". Insomma, mentre le mamme giocano d'anticipo, i papà si affidano all'istinto.

Arrivare al grande evento sapendo già che cosa ci aspetta, invece, è importante per tutti, maschi e femmine. Lo hanno ben compreso gli organizzatori dei corsi di preparazione al parto, sempre più spesso definiti "corsi di preparazione alla nascita", in cui al cambio di terminologia corrisponde una profonda trasformazione di caratteristiche e obiettivi.

Durante il percorso ci si confronta non più soltanto su ciò che accade in sala parto, ma soprattutto su come cambia la vita di un uomo e di una donna.

Mentre in passato si susseguivano lezioni in cui specialisti spiegavano tutto ciò che sapevano su placenta e parto, allattamento e depressione postparto, si sta via via abbandonando questa impostazione, seguita per anni, a favore di incontri strutturati come un gruppo di autoaiuto.

I partecipanti, ora, sono invitati a discutere e a confrontarsi intorno a ciò che sanno e alle proprie paure. Le emozioni diventano molto più importanti delle informazioni, e i presenti si trasformano in una comunità capace di condividere esperienze belle e brutte, pensieri gioiosi e tristi, timori comuni e speranze, che sempre accompagnano l'arrivo di un figlio.

Un tempo, questi corsi erano pensati quasi esclusivamente per le donne, e prevedevano, in genere, un paio di occasioni in cui erano ammessi anche i papà, mentre ora, sempre più spesso, sono invitati a presenziare a tutti gli incontri. In alcune realtà, addirittura, ci sono momenti formativi pensati al maschile, dove i futuri padri parlano e discutono tra loro della nascita.

Le mamme sono orgogliose dei compagni, quando si mettono in gioco e dimostrano di volersi preparare attivamente alla venuta del piccolo. Gli uomini, invece, tendono a riderci su, o a banalizzare l'aspettativa.

Frasi tipiche sono: "Non ho mai sentito dire che ci voglia una laurea per diventare genitori" o "Meglio non sapere niente, perché più sai, meno impari davvero. Quando nascerà, apprenderò direttamente sul campo". Un'altra scusa ottima è: "Ho troppo da fare per perdere tempo in cose simili". Al contrario, dovrebbero lasciarsi ispirare un po' dalle proprie compagne e prepararsi a un evento che si preannuncia rivoluzionario.

Tra l'altro, leggere insieme un libro che parla della gravidanza o partecipare entrambi a un corso diventa uno stimolo che faciliterà il dialogo tra i partner su quanto sta succedendo (e succederà) nella loro vita e nella relazione, nonché sulle emozioni potenti che connotano questo passaggio e che molti (soprattutto i maschi) trovano difficile tradurre in parole.

IL FILM DA VEDERE

—

MOLTO INCINTA

di Judd Apatow,
commedia, Usa, 2007, 129 minuti

—

Divertente ma non banale, la commedia racconta l'approdo all'età adulta di un tardo adolescente che, dopo aver avuto un rapporto occasionale con una ragazza conosciuta in discoteca, scopre che è rimasta incinta. I due protagonisti sono molto diversi e non hanno alcun interesse a diventare una coppia. Decidono comunque di assumersi le proprie responsabilità e tengono il bambino. Maschile e femminile sono caratterizzati con tratti grotteschi, che vi faranno riflettere.

Spunti di riflessione

- In quali situazioni emergono di più le differenze tra i due protagonisti?
- Per i papà: quali sono le caratteristiche più evi-

denti del futuro padre? In quali vi riconoscete e in quali no?
- Per le mamme: quali sono le caratteristiche più evidenti della futura madre? In quali vi riconoscete e in quali no?
- Quali azioni aiutano ciascuno dei due ad accettare le peculiarità dell'altro?
- Il film vi ha trasmesso qualche messaggio circa la vostra esperienza di genitori novelli o in attesa?

♂ Nella mente degli uomini

Come ha rivelato una ricerca inglese, «mentre la gravidanza della compagna genera di solito negli uomini sentimenti positivi, allo stesso tempo innalza in loro una serie di preoccupazioni che si rivolgono allo stato di salute della mamma e del nascituro, alla modificazione della qualità della relazione di coppia e con gli amici, alla situazione economico-finanziaria, logistica, abitativa e a tutto ciò che c'è da sapere, imparare e fare nel ruolo di genitore».[1]

[1] Arthur Brennan et al., A *Critical Review Of The Couvade Syndrome. The Pregnant Male*, «Journal of Reproductive and Infant Psychology», vol. 25, n. 3 (2007), pp. 173-89.

Gli studi biomedici dimostrano che, in genere, i papà in attesa sono più irritabili nel corso del primo trimestre e molto più distaccati e freddi delle compagne circa l'evento della nascita. Gli ultimi tre mesi, inoltre, tendono ad accumulare peso, dormono di meno e si riposano poco. Spesso sviluppano una specie di "attenzione selettiva" verso il ruolo paterno, concepito secondo una prospettiva di genere. Al maschile, cioè, diventare genitore significa soprattutto più responsabilità nei confronti delle persone care.

Al pari dell'uomo primitivo, il padre che si concentra solo su quest'ultimo aspetto trasforma il bambino esclusivamente in una bocca in più da sfamare. Non contempla, invece, quante emozioni può suscitare e fino a che punto è capace di arricchire la sua vita.

Per ridurre il rischio di cadere in un errore simile, nel dialogo di coppia durante l'attesa è bene focalizzarsi (con l'aiuto della partner) sull'arricchimento che l'evento comporta, su tutto quello che non c'è e ci sarà, sulle esperienze non ancora vissute e che si vivranno grazie al piccolo.

Per aiutare il futuro papà a costruire una "gravidanza intrapsichica" sana bisogna concentrarsi sulla ricerca di punti a favore della paternità, sui vantaggi, piuttosto che sugli svantaggi, sulle opportunità e non sui vincoli. Se, insomma, l'uomo è naturalmente portato a puntare l'attenzione selettiva sulla responsabilità e sul compito di provvedere alla sopravvivenza del figlio (anche se in misura minore dopo la rivoluzione femminista), spingerlo a soffermarsi sugli aspetti positivi è il solo modo per alleggerire l'impatto del retaggio evolutivo sullo sviluppo del ruolo paterno. Allo stesso tempo, può indurlo a integrare nella nuova identità altre sfumature, molto più emotive e legate alla cura di un rapporto personale.

♀ Nella mente delle donne

Diventare madre è un processo che rivoluziona il cervello femminile. La gravidanza avvia una trasformazione profonda e risveglia l'istinto materno che tutte hanno iscritto nei propri geni, anche chi all'apparenza è dedita ad altri progetti di vita.

Durante i primi due-quattro mesi, il progesterone aumenta da dieci a cento volte rispetto al livello normale, generando un effetto tranquillizzante. Anche gli estrogeni sono prodotti in dosi massicce, e la mamma in attesa diventa un'altra donna. Dopo poche settimane dall'inizio della gravidanza, è invasa dalla sonnolenza, sente il bisogno di nutrirsi e riposarsi più del solito. È più stanca.

A cinque mesi, i primi movimenti del bambino scatenano l'amore puro: gli ormoni regalano ondate di piacere che imprimono a fuoco l'intensità del sentimento per il nascituro.

Verso la fine della gravidanza, il cervello materno si restringe. Gli studiosi attribuiscono il fenomeno alle profonde rivoluzioni che la struttura cerebrale vive in questa fase, più potenti che nella pubertà. È come se la testa fosse un grande cantiere in cui è in corso una ristrutturazione generale: si devono eliminare alcune parti per ricostruirne altre più funzionali alla nuova realtà.

Poche settimane prima del parto, infatti, il cervello riprende a crescere, perché ormai pronto ad affrontare la sfida. Si è distratte, si perdono i pezzi sul lavoro (per quelle che sono ancora attive) e su questioni non strettamente legate all'imminente nascita.

Nell'ultimo mese, il cortisolo, l'ormone dello stress, è presente in grandi quantità, eppure non determina una sensazione di ansia. La donna è una macchina pronta a partire, con il serbatoio pieno e il tagliando appena rinnovato, ma resta in attesa, dedita agli ultimi particolari.

Come si possono condividere simili trasformazioni con il partner? La convivenza e la prossimità fisica costringono i due futuri genitori a un dialogo costante. I mutamenti che la mamma vive nel corpo e nella mente hanno ripercussioni dirette sul rapporto con il compagno: nei primi mesi, avverte il bisogno di essere aiutata, accudita e coccolata. Si addormenta presto, chiede aiuto per la spesa, si fa portare una coperta mentre si riposa un po' sul divano.

Aspettare un bambino non è una malattia, tuttavia una certa dose di cure e precauzioni può essere necessaria, soprattutto all'inizio.

Poi, si condividono i primi movimenti del piccolo. Finalmente, ecco un segno concreto che attiva anche la mente del papà. Con le ecografie, arriva la gioia di vedere la prova concreta che il piccolo c'è.

Verso la fine, per la donna non è sempre semplice tenere insieme i pezzi della propria vita: proteggere il feto e restare una compagna presente per il partner. La paura di essere meno attraente può generare qualche ansia.

La presenza del compagno e l'intimità con lui sono elementi indispensabili per lei e necessitano di gesti concreti.

Il desiderio sessuale può attraversare fasi diverse nell'arco dei nove mesi.

Se non sussistono problemi particolari, fare l'amore è uno dei linguaggi più naturali e potenti per sentirsi uniti. Il pancione non rappresenta un ostacolo, tuttavia possono subentrare altri fattori che riducono la passione.

Se accade, è importante parlarne. In una donna, lo stress e la rabbia sono inibitori potenti. Se è preoccupata o arrabbiata, molto difficilmente raggiungerà l'orgasmo. Per questo bisogna mantenere un dialogo franco e aperto con l'altro, per condividere stati d'animo che possono allontanare proprio in un momento così importante, in cui è necessario restare vicini. A volte, dietro un'apparente mancanza di desiderio si nasconde una paura o un pensiero ricorrente. Non riconoscerlo rischia di creare una distanza nella coppia.

Prima regola della gravidanza: parlare molto, anche perché, con l'arrivo del piccolo, non sarà così facile ritagliarsi momenti di quiete a due.

Tranne in casi di disturbi oppure malattie depressive specifiche o precedenti, la gestazione in genere è un periodo meraviglioso, tanto che alcune lo definiscono una "luna di miele", nonostante l'affaticamento fisiologico.

La regina Maria Teresa d'Austria, in vent'anni, ebbe 16 figli e definì gli unici inverni in cui non fu incinta «i più tristi della sua vita»[2].

♂ I consigli di papà a mamma

- Non è necessario che tutte le sere vi massaggiamo dalla testa ai piedi con un'attenzione speciale, insistendo sulle zone più a rischio smagliature. Potrebbe bastare una o due volte alla settimana.
- Non è utile, né necessario (e, lasciatevelo dire, nemmeno tanto bello) che da quando avete scoperto di essere incinte il vostro corpo serva soltanto per farvi coccolare. A noi uomini piace molto fare l'amore con voi, anche durante la gravidanza, con tutto il pancione. Sappiamo che non è pericoloso e può essere dolce e passionale allo stesso tempo, tenero

---

[2] Riportato da Adelia Lucattini in Sara Ficocelli, *Gravidanza e cervello femminile*, «La Repubblica D», 20 maggio 2012.

e molto intimo. Quindi, se ce la fate e quando vi diciamo che ne abbiamo voglia, di tanto in tanto, lasciatevi un po' andare.

- È vero, con forme così tondeggianti, non sembrate nemmeno voi. Ma non è il caso di farne una tragedia. I vostri lamenti quotidiani perché siete ingrassate e i vestiti non vi entrano più non ci interessano un gran che. Se abbiamo deciso di avere un bambino con voi, e non con la vicina di casa, avevamo chiaro in mente che queste trasformazioni del vostro corpo erano più che una possibilità remota. Ciò nonostante, vi amiamo. Anzi, forse vi amiamo ancora di più.
- Se possibile, riducete le visite ai centri commerciali per l'analisi comparata dei prezzi di tutti i modelli esistenti di passeggini, seggiolini e lettini. A volte, vale la pena spendere dieci euro in più e risparmiare altrettante ore di estenuanti maratone in giro per negozi.
- Lo ammettiamo: ci costa molta fatica rinunciare alla serata di calcetto, alla partita in TV, al giro in moto della domenica pomeriggio. Lasciati a noi stessi, probabilmente continueremmo imperterriti a dedicarci a tutte le attività che adoriamo, anche adesso che avete il pancione e vorreste averci sempre accanto. Facciamo un patto: parlate chiaro! Se ci chiedete di rinunciare, noi obbediamo, magari anche con piacere. Ma se ci concedete di andare, per accoglierci al ritorno con un milione di prediche, un

fiume di lacrime e il ritornello "Tu non mi capisci, non mi vuoi bene, sei un insensibile", è probabile che ci arrabbiamo, diventando proprio come dite che siamo. Insomma, se volete qualcosa, se per voi è davvero importante che rinunciamo ai nostri interessi, ditecelo con chiarezza.

♀ I consigli di mamma a papà

- *Non smettete di farci sentire attraenti e desiderabili, anche quando siamo così tonde che non riuscite più a cingerci in un abbraccio.*
- *Camminare ci piace un sacco, e in più ci fa bene, ma il trekking d'alta quota o la corsa non sono lussi che possiamo permetterci. Cercate di non farci sentire troppo le differenze tra la vostra illimitata possibilità d'azione e la nostra splendida libertà condizionata.*
- *Se qualche volta ci aiutate nei lavori di casa, vi promettiamo che l'immagine di voi con lo straccio in mano sarà per sempre nel nostro cuore.*
- *Aiutateci a non parlare solo della gravidanza, e se lo facciamo a cena da amici, vi autorizziamo a darci un calcio sotto il tavolo. Ma piano: siamo in dolce attesa, e una piccola creatura sta crescendo dentro di noi. È un'emozione straordinaria, chissà se sapremo mettere i pannolini... Ahi! Ok, cambiamo argomento.*

- *Sappiamo di chiedervi molto, ma dateci l'illusione che parlare con noi di come ci sentiamo vi piaccia quasi come imbiancare le pareti del ripostiglio o vedere il campionato.*

CAPITOLO 3

Tesoro, mi si sono rotte le acque!

♀ Come la vede lei

Prima regola della partoriente: non frequentare donne possedute dal bisogno di condividere tutti i particolari del parto, come il numero dei punti dell'episiotomia e le sfumature della placenta. Una su due ti racconterebbe anche che per far uscire il bambino le sono saliti sulla pancia in cinque, compresa la centralinista di turno. E poi ci chiediamo perché il tasso di natalità non cresce. Ogni volta che incontro una di queste regine del monologo, mi invento una scusa e me ne vado. È il primo figlio? Non voglio sapere che cosa mi aspetta? Lasciatemi godere della mia beata ignoranza! Al corso ci hanno spiegato per bene tutte le fasi, ma erano solo informazioni.

Eccoci qui, sei giorni oltre il termine e una contrazione ogni tre o quattro... ore. Che eccitazione! Ma quando arriva il nostro piccolo?

Poi, nella notte mi sveglio per fare la pipì e mentre mi lavo le mani sento le gambe bagnate. Guardo a terra e c'è acqua da tutte le parti. È il diluvio.

«Carooo!».

Ti svegli subito: «Che cosa c'è? Tutto bene?».

«Benissimo, è che credo si siano rotte le acque».

«Che ore sono?».

«Non ho l'orologio, ma fuori è buio».

«E adesso che facciamo? Hai le contrazioni?».

«No. Però mi sa che dobbiamo andare in ospedale. Al corso hanno detto così».

«Va bene. Ho preso la borsa, andiamo?».

«Forse è il caso che ci vestiamo...».

«Ce la fai?».

«Certo. E tu? Mi sembri un po' agitato».

«Io? Ma va'. È una vita che sognavo ti si rompessero le acque di notte».

«A chi lo dici. Ho un sonno».

Arriviamo in ospedale. Ci guardiamo di continuo e ci viene da ridere. Abbiamo immaginato il momento tante volte. Mi sento la protagonista del film del secolo, stiamo girando la scena più importante. Indosso la camicia da notte comprata per l'occasione, perché il pigiama risultava un po' scomodo. Mi visitano. Zero dilatazione. Ci assegnano una stanza. L'altro letto è vuoto. Siamo soli.

Sei sull'attenti: «Hai bisogno di qualcosa? Che cosa posso fare?».

Sto benissimo, non ho neanche un dolorino. L'ostetrica

ha detto di fare le scale. Andiamo? Mi aggrappo a te e su fino al quarto piano, e poi di nuovo giù, avanti e indietro. Ti rendi conto che ci siamo?

Mi appoggio al tuo braccio. Segui la mia andatura. Mi guardi di continuo. Alla terza salita, scoppiamo a ridere. Alla quinta, ci fermiamo al distributore di bibite e facciamo un brindisi con il chinotto.

La notte regala un'atmosfera magica. Sembriamo i soli abitanti della tromba delle scale.

Nuova visita. Dilatazione: 1 cm.

«Ahi!».

«Tutto bene amore? Che cos'hai?».

«Una contrazione. Ci siamo. Tieni il tempo».

«Fa male?».

«Un po', ma è sopportabile. Ricordati di prendere il sacchetto con il cambio».

Ecco, proprio come mi avevano spiegato. Una dopo l'altra. Sento la pancia che diventa dura, mi devo fermare, mi fa male tutto per un minuto e poi più niente. Tu mi cammini vicino. È bello sentirti qui. Chiacchieriamo del film che abbiamo visto ieri sera. Aaahi! Passata. Della cenetta che ci siamo concessi al lago. Aaaaahi! Passata. Delle vacanze che faremo con il pargolo quest'estate. Aaaaaaaahi! Passata. Di cosa mangerai tu stasera. Aaaaaaaaaaaaaaaaaaaahi! Ma quando passa?

Rientriamo nella stanza.

«Metto un po' di musica?».

«Sì, sì». Aaaaaaaaaaaaaaaaaaaaahi! Passata.

Ti guardo negli occhi. Sento tutti i tuoi sensi concentrati su di me. Hai uno sguardo che non ti ho mai visto. Sembri forte e debole allo stesso tempo. Mi piaci.

«3 cm. Ossitocina!» ordina l'ostetrica.

Mi mettono una flebo. Ormai ho quasi preso il ritmo. Ogni tre minuti una contrazione. Un minuto di assenza e poi si ricomincia. Ho voglia di chiacchierare. Ti chiedo una caramella zuccherosa, di quelle che hai comprato l'altro giorno in erboristeria.

AAAAAAAAAAAAAAAAAAAAAAAAAAAAAAAAAAAHHHHHIIIII! Ma che cos'hanno messo in quella flebo? Ti stritolo la mano. Questa contrazione è la più forte di tutte. Le altre, in confronto, sono state massaggi. Ti guardo con gli occhi sbarrati. Penso che non ce la posso fare. Avevi ragione tu, dovevo fare l'epidurale. La chiedo all'ostetrica, ma mi risponde che ormai è troppo tardi. Sono già a 6 cm.

Dolore intollerabile e un minuto di pausa, dolore sommo e poi niente per qualche istante. Non riesco quasi più a vederti. Sono seduta sul lettino. Sto con la testa piegata e gli occhi chiusi. Non ho più voglia di parlare. L'ostetrica ti dice di provare a massaggiarmi sulla base della schiena quando mi arriva la prossima contrazione. Lo fai e capisco che quel tocco energico mi serve. Arriva, arriva, massaggia, dài.

Devo andare in bagno. Cammino con una mano sull'asta portaflebo. Sembro Mosè che guida l'esodo. Massaggia! Devi seguirmi anche in bagno. Massaggia! Tengo chiusi gli occhi. Nei brevi momenti di tre-

gua, non c'è nessuna tensione, mi viene sonno, ma durano pochi secondi. Massaggia! Non ti guardo e non ti sento. Se mi chiedi qualcosa, ti rispondo con un cenno della testa. Ma ho bisogno dei tuoi massaggi perché sto per impazzire. L'ora più impegnativa della mia vita. 9 cm.

Ci siamo, cambia tutto. Mi fanno sdraiare, ma tu non puoi smettere di manipolarmi. Ci sono una sacco di persone che trafficano attorno a noi. Quando non ho dolore apro gli occhi. Non riesco a dire niente. Penso che non posso sopportare oltre una simile tortura. Penso che vorrei scappare. Smetto di pensare.

«Spinga».

E come si fa? Tiro il collo. Sento la gola che mi fa male. Tu adesso mi tieni le mani e mi accarezzi la fronte. Mi dici: «Brava, forza, ci siamo quasi». Mi trattengo a fatica dal dire parolacce.

Poi inizio a spingere bene, con i muscoli addominali. Cambia tutto. Un dolore tutto nuovo e io sono scarica. Se potessi scegliere, alzerei bandiera bianca. Sono ben oltre le mie capacità. Invece, continuo. Le spinte mi consumano, eppure riesco a sentire che ci sei. Anche se non puoi fare niente per liberarmi dalla sofferenza, mi fai bene. Ma non ci penso neanche a fartelo capire, non ora.

E poi, il paradiso. Un'ultima spinta e il bambino è fuori. Lo sento piangere. Me lo appoggiano sulla pancia. Gli occhi mi si spalancano. Tutti i sensi si riattivano. Mi sento un leone. Non ho più alcun dolore.

Rinasco. Tu ti avvicini e mi baci. Piangi come nostro figlio, però tu non fai rumore. Ci guardiamo e ridiamo, pieni di energia.

Abbraccio il nostro tesoro, è bellissimo. Poi lo avvolgono in una coperta e lo mettono in braccio a te. Vi guardo e vorrei alzarmi per ballare con voi. Peccato che sia ancora a gambe all'aria con una placenta da dare alla luce.

Tu sei raggiante. Uscite per portare il neonato al nido. Hai sottobraccio il sacchetto con il cambio.

«Sei stata bravissima» mi dici prima di andare.

La nascita rinnega la parità tra uomo e donna. Il lavoro sporco è toccato a me. Tu mi sei stato vicino, ma quello era il mio momento. A me tutti gli oneri e gli onori. E tu sei qui a trattarmi come una regina. Sei il testimone dell'impresa che ho affrontato. Puoi dire al mondo che ce l'ho fatta, che non sono scappata (e come avrei potuto?). Hai visto tutto, e gli occhi con cui mi hai appena guardata mi fanno sentire, per la prima volta, una mamma.

♂ Come la vede lui

È notte e hai rotto le acque. In quattro e quattr'otto ci infiliamo in auto e corriamo a tutta velocità verso l'ospedale. A me viene subito il terrore che tu partorisca per strada. Come me la caverei, qui, nel buio, senza nessuno a fianco, con te che urli per il dolore e mi chiedi di aiutarti? Meglio non pensarci, anche perché in realtà sembri avere la situazione sotto controllo. Sei tu a calmare me, a dirmi di guidare più piano e che non c'è alcun bisogno di schiacciare tanto il piede sull'acceleratore.

Arriviamo in ospedale. L'ostetrica ci fa entrare in sala travaglio, comincia a darti istruzioni e a prepararti a tutto quello che succederà nelle prossime ore. Ogni tanto, lancia uno sguardo nella mia direzione ed esclama: «Di questo papà ci possiamo fidare? Non è che poi ce lo troviamo svenuto per terra?».

Avrei voglia di prenderla a schiaffi. Con chi crede di avere a che fare? Da quando siamo entrati qui dentro mi pare che tutti mi trattino come un'appendice da portarsi dietro, tanto per farmi contento. Per fortuna, tu rispondi: «Lei non lo conosce. Mio marito è un uomo forte. In tutti i sensi».

Finalmente, riacquisto uno *status* dignitoso, e la donna che ti seguirà fino alla fine mi guarda con occhi nuovi.

Ci sistemiamo in una stanza della sala parto. Tu hai un letto a disposizione, ma per la maggior parte del tempo preferisci stare in piedi. Le contrazioni ti travolgono con una frequenza ritmica e ogni onda che ti attraversa ti sconvolge per la violenza del dolore. Tutti raccontano che è una sofferenza terribile, e ora la vedo concretamente, dipinta sul tuo volto.

Ecco, se c'è una sensazione davvero difficile da sopportare, è starmene qui a vederti soffrire senza poter fare nulla. Mi chiedo perché non hai voluto l'epidurale. Mi avevi preannunciato: «Il primo parto lo faccio allo stesso modo della mia mamma».

Perché voi donne volete sempre andare in fondo a ogni cosa? Se c'è una scelta tra partorire con dolore o senza, io so già quale opzione preferirei, senza perdere un solo secondo in pensieri inutili. Se il progresso ha inventato l'anestesia, un motivo ci sarà. Grazie al cielo, non viviamo più come i cavernicoli: forse ci conviene approfittarne.

Ecco, è impotenza quella che provo adesso, la sensazione di non poter muovere un dito per aiutarti, mentre ti vedo stare male. Non ci sono abituato. In un'altra occasione, comincerei a smaniare per trovare una via d'uscita, andrei, direi, tornerei, chiederei. Invece, adesso, al tuo fianco, mentre impallidisci per il dolore, devo imparare a rimanere fermo e zitto. Non avrei mai immaginato che questa sarebbe stata la parte più brutta.

Ma il tempo passa e comincio a tollerare il senso di frustrazione infinita. L'adrenalina forse comincia a diminuire in concentrazione nel mio sangue e io posso osservarti con più tenerezza, e non solo con espressione preoccupata.

Tra una contrazione e l'altra, rimani in silenzio e respiri profondamente. L'ostetrica ogni tanto passa a monitorare i progressi. È di poche parole, dice solo: «Stiamo andando bene, ma non è ancora il momento di far uscire il nostro tesoro». Il nostro tesoro: no, non è il suo tesoro. È il *mio* tesoro, il *tuo* tesoro, il *nostro* tesoro, non il vostro tesoro, tuo e dell'ostetrica.

All'improvviso, mi chiedi di massaggiarti un punto specifico dietro la schiena, all'altezza dei reni. Non mi sembra vero. Allora posso fare qualcosa anch'io! Eseguo, in silenzio. Di tanto in tanto provo a chiederti: «Come va?», ma mi rendo conto che è una domanda inutile.

Tu rispondi solo: «Va come deve andare» e non aggiungi altro.

Al nuovo controllo dell'ostetrica, però, succede qualcosa e il copione cambia di colpo. «Stavolta ci siamo» annuncia. Chiama il medico per verificare e ci spostano in tutta fretta in un'altra stanza.

Ti fanno sdraiare con le gambe aperte e tutto diventa più veloce e frenetico. Per un po' di tempo ti chiedono di non spingere. Poi ti dicono di cominciare. Tu lo fai. Sei stanca, ma forte. Ora sono alle tue spalle, ho deciso di mettermi qui, così posso toccarti la spalla, accarezzarti la testa. Lo faccio spesso, perché senta che ti sono accanto. Tu, intanto, soffri e spingi, spingi e soffri.

L'ostetrica mi chiede se voglio vederlo uscire, perché ora la testa comincia a vedersi. Non so che fare. Al corso di preparazione al parto hanno detto che gli uomini a volte si impressionano a vedere tutto, ma proprio tutto. E a me adesso non interessa essere testimone dei dettagli, ma stare con te e con il nostro bambino. Perciò, rimango dove sono.

Attendo, in mezzo alla concitazione e alla confusione generale, tra te che urli, l'ostetrica che ti dice di spingere e le persone che si muovono intorno a noi. Finché sento le parole che ci cambieranno la vita per sempre: «Eccolo qui, è nato. È un maschietto ed è bellissimo».

Il suo pianto squarcia l'attesa che riempie la stanza. Avvolgono il neonato in un panno e te lo appoggiano addosso. Io, dalla mia posizione, vedo la tua testa e la sua. E comincio a piangere. Un pianto antico e potente, un pianto che contiene tutto. Non ci sono parole da dire. Ci siamo solo noi tre: io, te e quel corpicino piccolo e perfetto.

Le immagini si accavallano nella mia testa. Vorrei parlare, ma non ci riesco. Vorrei smettere di piangere, ma non ci riesco. Mi viene in mente solo una frase che credo di aver sentito in una canzone: "So di che cosa è fatta la felicità". Queste parole rimangono dentro di me, come un mantra. Tu ora, stanca e sudata, mi parli, ma io non ti ascolto. Vorrei toglierti dal viso e dagli occhi un po' del dolore e della fatica dell'ultima ora. Ma non è possibile. Posso solo volerti bene.

Poi, all'improvviso, mi prende l'ansia.

«Come sta il piccolo?» comincio a chiedere.

«È tutto a posto».

«È sano? Sta bene?».

Il pediatra mi si avvicina e dice: «Stia calmo. Lei è il papà di un bambino sano e bello. Non poteva andarle meglio».

Ecco, non poteva andarmi meglio. È vero. E dentro di me, in questo preciso istante, mi sembra di sentire il mondo intero.

♀♂ La sfida

Il parto è il momento in cui tutto succede, atteso da nove mesi, che trasforma la fantasia in realtà, un'idea astratta in qualcosa di molto concreto. Qui tutto accade, gli opposti si uniscono, il desiderio si trasforma in evento. C'è tutto, concentrato in poche ore: impazienza e terrore, gioia e dolore, forza e debolezza, paura e speranza.

La partoriente è consapevole che sarà doloroso e ne è spaventata. Ha alle spalle infinite conversazioni con altre mamme che le hanno spiegato nei dettagli che cosa succederà. Magari ha anche letto tanti libri, ha raccolto informazioni su internet, ha partecipato al corso di preparazione al parto. Si sente sospesa, come se camminasse su un ponte. Sopra di lei, il cielo, sotto, il burrone. Si interroga sulla sua capacità di superare una prova misteriosa e al tempo stesso nota, perché lei stessa è nata nello stesso modo, e perché, in quanto donna, da sempre sa che sarebbe arrivato questo momento.

Una parte di lei, tuttavia, ha paura di non farcela a sopportare ciò che non conosce, a dare alla luce la creatura sana e perfetta che da nove mesi tutti, lei compresa, stanno aspettando. Teme anche di deludere le aspettative delle persone che la circondano in sala travaglio, esperti e specialisti che conoscono tutti particolari del momento, tutti gli aspetti, compresi quelli inenarrabili.

La più grande rivoluzione nel corpo femminile si compie in poche ore. In quest'arco di tempo non solo dal ventre della madre esce un figlio, carne della sua carne, ma si trasforma l'equilibrio biochimico e ormonale di un organismo che per nove mesi è stato la fabbrica di un altro essere umano, cibo e nutrimento per la sua formazione.

La nascita del piccolo riporta il fisico alla forma originaria. Nei mesi successivi, della dilatazione degli spazi e dei tessuti rimarrà soltanto qualche traccia. Anche ciò che non si vede, la secrezione di ormoni e neuromediatori biochimici, subirà un violento mutamento.

La prima e più profonda rivoluzione avviene proprio al momento del parto, e serve a dare alla partoriente la forza e la possibilità di sostenere il carico di fatica e dolore.

Quando le contrazioni si intensificano e il dolore tocca livelli mai sperimentati prima (è considerato il massimo, su una scala di percezione soggettiva del dolore umano), il sistema nervoso centrale produce endorfine, che svolgono una doppia funzione: ridurre la sofferenza e al tempo stesso fornire una sensazione di piacere e benessere.

La donna non la avverte nel pieno del parto, ma ne viene inondata subito dopo, quando il bambino è venuto al mondo e lei rimane sdraiata, con il figlio appoggiato sul corpo e magari attaccato al seno e la mano del compagno che le sfiora i capelli. È un momento perfetto, che rimette tutto in prospettiva, dà senso a ogni cosa, cancellando la fatica e il dolore.

Nel frattempo, gli uomini assistono, accompagnano, sostengono, presidiano un momento che è di passaggio e trasformazione anche per loro. Per l'universo maschile, immergersi nella tempesta del parto è una prova di forza e di coraggio non meno che per le mamme. Non soffrono fisicamente, ma devono imparare ad assistere impotenti alla sofferenza della compagna, a stare lì mentre lei urla e si dimena, senza avere una procedura da seguire, uno schema di azioni da compiere per raggiungere l'obiettivo.

È questo che spesso li affatica: non poter prendere il timone della situazione, trovarsi in balia di un evento enorme, per il quale i codici consueti del mondo maschile, essere attivi e operativi, mantenere il controllo e conseguire il risultato, non servono a nulla. Perché l'unica cosa da fare è non fare nulla, lasciare che la natura faccia il suo corso e assecondarla, mentre procede con i propri tempi e secondo un programma prefissato, che nessuno può influenzare.

IL FILM DA VEDERE

—

IL PRIMO RESPIRO

di Gilles de Maistre,
docu-fiction, Francia, 2007, 100 minuti

—

Dieci donne si preparano al travaglio e al parto. La telecamera è discreta e coglie appieno l'intensità dei gesti e degli stati d'animo dei protagonisti. Le future mamme vivono in contesti geografici e culturali molto diversi: Francia, Vietnam, Brasile, Tanzania, Giappone, Niger, Siberia, Messico, India, Stati Uniti.
Ognuna segue le tradizioni e i riti della propria comunità. Anche i luoghi del parto sono differenti: in pieno deserto o in un ospedale del Vietnam, in una casa, con pratiche *new age*, o in piscina.
Il film ci regala la possibilità di assistere all'evento della nascita in contesti molto dissimili. Da un lato, emerge un filo rosso che lega tutte le esperienze, fa riflettere su come uno stesso momento dell'esistenza si possa vivere in modi tanto diversi.
Può essere un piacevole stimolo per prepararsi

al meglio alla prova di coraggio che segnerà per sempre la nostra vita.

Spunti di riflessione

- In quali esperienze vi siete identificati di più?
- Quali scelte dei protagonisti, invece, avete sentito più lontane dalla vostra idea del parto?
- Che cosa vi ha colpito delle diverse storie?
- E voi, come avete deciso di vivere il momento della nascita?
- Come immaginate che saranno coinvolte la vostra comunità e le persone che vi sono più prossime?
- Quali riti, dei tanti raccontati nel film, vi piacerebbe fare vostri?

♀ Nella mente delle donne

Il parto rappresenta una delle sfide più impegnative e importanti nella vita di una donna. L'ossitocina è l'ormone protagonista, in quanto stimola le contrazioni uterine. La sua produzione, però, è condizionata da diversi fattori, quali la fiducia e il senso di protezione che si avverte durante il travaglio, mentre situazioni percepite come minacciose la inibiscono, favorendo, al contrario, la secrezione degli ormoni dello stress.

La presenza del partner, se la coppia ha una buona condivisione emotiva, aumenta il benessere della partoriente e, di conseguenza, il livello di ossitocina.

Molte donne ne sentono parlare per la prima volta in sala travaglio, e in genere non la associano a un'esperienza molto piacevole, perché stimola le contrazioni, intensificando i dolori.

L'ossitocina, in realtà, ha un ruolo fondamentale nella nostra vita, prima di tutto nel mantenimento dei legami affettivi. Potremmo definirla l'ormone dell'amore con la "A" maiuscola, perché ci aiuta a prenderci cura dei legami che contano e ci fa sentire il piacere di essere amati. È grazie a lei che raggiungiamo l'orgasmo, creiamo e curiamo il rapporto con il partner e con la prole. Il contatto con gli organi sessuali, ma anche la vista, la voce e persino il pensiero della persona amata ne aumentano la secrezione.

Di qui, il piacere fisico generato dal rapporto con il compagno e con i figli, che favoriscono la monogamia. Immaginate un momento particolarmente piacevole sperimentato con la vostra metà, un istante in cui pensate di essere davvero fortunati ad averla incontrata, tanto che vorreste stringerla e urlarle che la amate alla follia... ecco, l'ossitocina è in voi.

Il parto è un passaggio cruciale per una donna, che si scopre capace di generare un bambino. Il primo contatto con il neonato acuisce tutti i sensi della madre, che, nonostante la fatica, si sente piena di energie per prendersi cura del suo cucciolo. Sviluppa un particola-

re potere olfattivo, che le imprime nel cervello l'odore del piccolo, come una traccia chimica, rendendola capace di riconoscerlo. L'istinto di protezione è attivato. In poco tempo, impara a distinguere anche il pianto, tra quelli degli altri neonati. Ha più memoria spaziale, perché la forte attivazione emotiva le imprime gli eventi nel cervello con maggiore forza. Si diventa più flessibili, adattabili e coraggiose; insomma, non nasce solo una nuova creatura, ma anche una nuova donna. È un'occasione per diventare una persona migliore.

È un'esperienza molto simile all'innamoramento: il pensiero critico si annulla, per lasciare spazio a un'intensa sensazione di piacere. L'attaccamento al pargolo si sviluppa rapidamente, grazie anche alla prossimità fisica e all'allattamento. La produzione di ossitocina, dopamina e prolattina lo rinforzano.

Gesti e percezioni sono le note che scrivono una splendida melodia nella comunicazione tra la mamma e il bambino. Queste reazioni, che ogni madre del mondo eredita fin dalla notte dei tempi, garantiscono l'istinto materno alla cura e alla protezione della nuova vita (a meno che non sussistano patologie o problemi psichiatrici particolari).

Il neopapà assiste all'incontro e ne è testimone. Anche lui, alla vista del piccolo, subisce modifiche a livello cerebrale, e soprattutto sperimenta sensazioni forti. Tuttavia, il suo ruolo principale è prendersi cura della compagna, essere lì a valorizzare e sostenere la sua maternità.

♂ Nella mente degli uomini

La prima e più grande questione che mariti e conviventi devono risolvere quando si avvicina il momento fatidico è: entro o non entro in sala parto? Entrare dà modo di essere lì con la partoriente e il bambino, di partecipare alla nascita da coprotagonisti, di vivere in diretta un evento che trasforma per sempre l'esistenza.

D'altro canto, significa anche dover assistere a tutto, ma proprio a tutto quello che avviene al di là della porta che le generazioni passate di mariti non hanno quasi mai varcato. I nostri nonni andavano a lavorare e nel corso di una giornata come tutte le altre qualcuno li informava che il figlio era nato. I nostri padri, invece, in molti casi aspettavano seduti nel corridoio esterno alla sala travaglio. Rimanevano in attesa, senza partecipare, si limitavano a immaginare che cosa stesse succedendo all'interno.

Il parto, dunque, è da sempre (e sarà per sempre) un affare per sole donne, da cui gli uomini sono stati sistematicamente tenuti alla larga. Per questo, negli ultimi decenni, hanno dovuto inventare una nuova tradizione, un'abitudine sconosciuta in precedenza. Sapere di poter scegliere che cosa fare (entro o resto fuori?) non è un vantaggio di poco conto per i maschi del terzo millennio.

Il dilemma più grande per loro è capire se saranno in grado di reggere l'intensità emotiva del momento. Due sono le questioni che più li terrorizzano: il dolore della compagna e la concretezza dell'evento, che include dettagli crudi quali il sangue, tessuti e carni che si lacerano, liquidi biologici e placenta espulsi sotto gli occhi di tutti. Certo, tutto questo fa da cornice a un aspetto ben più rilevante: sta per nascere l'adorato figlio. Ma gli uomini sanno che l'ultima cosa di cui vorrebbero rendersi protagonisti è una brutta figura in sala parto. "E se svengo? Se mi spavento? Se vedere la vagina di mia moglie mentre partorisce mi impedisse di ritrovare il desiderio sessuale per lei?".

Si tratta di domande da non sottovalutare, e che non hanno una risposta giusta o sbagliata. Si può soltanto vivere il momento e scoprirlo. Senza dubbio, però, aiutare i futuri padri a comprendere che cosa succederà durante il parto, spiegare loro le fasi, i momenti critici, le scelte che possono compiere (per esempio, assistere stando alle spalle della compagna oppure guardare tutto da una posizione frontale) fa una grande differenza. Più sanno, più si sentiranno pronti e motivati a un coinvolgimento in prima persona.

Una volta entrati in sala parto, devono conquistare il giusto equilibrio tra l'ansia, il bisogno di protezione della partoriente e la naturale propensione (ahimè, diffusa nel genere maschile) a proteggersi dalle emozioni che sperimentano. Molti si armano di uno strumento, per esempio una videocamera, e filmano tutto. La strategia risolve in modo efficace alcuni dilemmi frequenti.

- Non so cosa fare? Giro un film.

- Le emozioni del momento sono troppo intense? Metto un filtro, uno schermo protettivo tra me e ciò che le scatena, per attenuarne l'impatto.
- Sono in ansia e temo che gli altri se ne accorgano? Mi nascondo dietro una macchina, affinché nessuno veda quanto mi sta accadendo.

Forse gli uomini dovrebbero sapere che gli eventi importanti della vita sono necessariamente intensi e coinvolgenti sul piano emotivo (a volte fino allo spasimo) e che, mentre le emozioni li assalgono, possono permettersi il "lusso" di sentirle, assecondarle, comunicarle, condividerle.

Anche il cervello, in questo passaggio, si prepara a diventare più tenero, capace di sintonizzarsi con i bisogni di un neonato, anziché lasciarsi distrarre da altre occupazioni. Presenziare alla nascita di un figlio, infatti, ha il potere di modificare la secrezione ormonale maschile, predisponendo a un contatto intimo e dolce con il neonato. Queste trasformazioni, che descriveremo meglio nel capitolo successivo, hanno inizio in sala parto e sono destinate a durare e a consolidarsi nella mente dell'uomo, ma solo se si dimostra pronto a riceverle.

♀ I consigli di mamma a papà

- *Abbiamo bisogno di voi in sala parto, anche solo per avere vicino qualcuno da insultare senza ri-*

schiare una denuncia. Sappiamo di chiedervi molto, ma voi siete forti. Vero?

- *Se potete, state zitti. Soprattutto, quando inizieremo a perdere la ragione per il dolore, evitate di dirci: «Tesorina, cucciolina, ciccina, sei bellissima...». Conservate la poesia per quando saremo di nuovo capaci di intendere e di volere.*
- *Non diteci mai che manca poco, se non ne avete le prove scientifiche.*
- *Per favore, non svenite in sala parto, o almeno non fatelo prima dell'ultima spinta, quando non è bello essere abbandonate a gambe all'aria perché c'è un trauma cranico da soccorrere. Sarete comunque i nostri eroi per sempre, anche se ammetterete che il taglio del cordone non fa per voi.*
- *Quando appoggeranno il bambino sulla nostra pancia, ammirate lo spettacolo e pensate a quanto siete fortunati: ora uscirete dalla sala parto con il bimbo in braccio per mostrare al mondo il vostro capolavoro, mentre noi vivremo una lunga sessione di restauro. Godetevi il privilegio.*

♂ I consigli di papà a mamma

- È vero, siamo lì e non abbiamo niente da fare, a parte starvi accanto. Ma non significa che non siamo coinvolti e immersi con tutti noi stessi nell'evento. Ripeterci milioni di volte: «Tu non puoi capire»,

«Non sai che cosa sto passando» o, ancora peggio, «Voi uomini non avete la minima idea di che sofferenza sia» non serve né a noi né a voi.

- L'ostetrica potrebbe smetterla di considerarci come ciondoli da appendere qua o là in sala parto. Sentirsi dire di continuo: «Si sposti un po' più in là», oppure «Mi faccia passare» non è carino. Potete farle capire che volete averci accanto? Una frase come: «Per me è molto importante che il mio compagno ora mi sia vicino» potrebbe fare al caso nostro.
- Quando arriva il momento, non ci piace ascoltare storie di padri che svengono, cadono a terra, non ce la fanno, mentre voi future mamme e le ostetriche adorate raccontarle, soprattutto quando ci vedete un po' tesi e in allarme. Durante il travaglio, non parlate d'altro! Ecco, parlate d'altro, meglio se qualcosa di banale, come la barzelletta del Fantasma Formaggino.
- A volte ci portiamo in sala parto il kit di sopravvivenza: due panini, un toast, un CD di musica di sottofondo, una lattina di birra. È come la coperta di Linus: ci dà sicurezza in un ambiente che sappiamo non appartenerci affatto. Mentre voi partorite, a noi viene una fame da lupi. Lasciateci mangiare. Non è un segno di insensibilità. È solo fame. E riduce il rischio di vederci cadere a terra per ipoglicemia (vedi sopra).
- Se, invece, non vi piace essere riprese con il kit del piccolo regista che abbiamo approntato per l'oc-

casione, ditecelo subito, o meglio, ditecelo prima: «Durante il parto non voglio né filmini né foto. Eventualmente, dopo». Terremo a bada il documentarista che c'è in noi. La videocamera in mano ci fa sentire utili, ma se vi dà fastidio ci inventiamo qualcos'altro.

CAPITOLO 4

Finalmente a casa

♂ Come la vede lui

Finalmente siete usciti dall'ospedale. Avevo voglia di avervi entrambi a casa con me. Nelle due notti dopo la nascita, rientrare da solo mi metteva una strana nostalgia. Il tempo per una doccia e poi la spossatezza era tanta che mi addormentavo sul divano, e lì rimanevo fino al mattino.

Per due giorni ho vissuto sempre di corsa. Dal momento in cui ti si sono rotte le acque, mi è parso di essermi fermato soltanto per dormire. Anzi, dovrei dire svenire: la sera cadevo in un sonno profondo che forse avevo solo da bambino. E dire che negli ultimi mesi faticavo a dormire tutta la notte.

Insomma, dentro di me sta succedendo qualcosa. Non so spiegare bene che cosa, ma il mio pargolo mi attira a sé come una calamita. Vorrei essere sempre lì a guardarlo e a toccarlo. Mi sembra impossibile che io e te insieme siamo stati capaci di generare tanta perfezione in un corpicino che pesa poco più di 3 chili.

Durante la permanenza in ospedale ti ho vista sospesa tra una felicità immensa e una stanchezza infinita. Al mattino, eri fresca e sorridente, ma verso sera il tuo viso raccontava la fatica che stavi facendo per reggere il peso di tutto.

Nella stanza era un continuo via vai di gente che veniva a salutarti e a vedere il pupo. I parenti non smettevano mai di fare domande, volevano dire, volevano fare. E tu, magari, eri lì con il bambino attaccato al seno, in preda all'ansia che non succhiasse bene o di non avere abbastanza latte per sfamarlo. Ti vedevo spaccata in due, presa com'eri dal desiderio di essere perfetta per tuo figlio e al tempo stesso cordiale e disponibile con tutti i visitatori.

Allora cercavo di fare da filtro. Li intrattenevo, li accompagnavo in corridoio, li portavo a bere un caffè, ripetevo che non vedevamo l'ora di tornare a casa per stare un po' tranquilli, perché tu potessi riprenderti e il piccolo riposare. Molti capivano che cercavo di proteggerti dalla concitazione che si muoveva intorno a noi, si congratulavano e se ne andavano. Altri, invece, non afferravano un bel niente: insistevano per starti accanto e rubarti l'aria, e la rubavano anche al nostro pargolo. Con queste persone sarei voluto diventare un cavernicolo, inseguirli con una clava giù per le scale dell'ospedale finché non fossero usciti dalla zona di sicurezza.

Per questo, quando abbiamo deciso, su mio suggerimento, che per i primi giorni ci saremmo fermati a dormire dai tuoi, mi sono sentito sollevato.

All'inizio, avevo immaginato il ritorno a casa come la scena di un film. Si apre la porta di casa, la telecamera entra ed ecco la famigliola perfetta seduta sul divano: io, te e il pupo. Invece, ce ne andiamo dai suoceri. Forse è meno poetico, forse non sarà scenografico, ma è la soluzione migliore per tutti. Tua madre e tuo padre sono molto discreti, non ci rompono le scatole ed evitano che la nostra tranquillità sia presa d'assalto da tutti coloro che vogliono passare solo "per fare un salutino, giusto un minutino per vedere il bambino, senza disturbare". Ho sentito decine di volte frasi simili nelle ultime quarantott'ore, e altro che "minutino" e "salutino".

Ho letto, e lo hanno detto anche al corso di preparazione al parto, che voi donne avete bisogno di stare a contatto con le vostre mamme. A quanto pare, quando nasce un figlio, si genera automaticamente un legame che vi riporta alle origini.

A tratti, preferirei che tu avessi voglia di stare vicino a me. Però ti osservo in silenzio e guardo come te la cavi, come me la cavo, come ce la caviamo in questo passaggio.

Tornare a casa dall'ospedale mi ha dato una duplice sensazione. Da una parte mi sono detto: è fatta. La creatura che abbiamo tanto atteso adesso è qui con noi, è sana e tutta l'ansia e le paure dei nove mesi passati sono evaporate. Ma il secondo pensiero che adesso mi prende è: e ora, che faccio? Quell'esserino che piange e succhia dal tuo seno mi sembra una sfida enorme. Come lo tengo, come lo poso nella culla? Come lo lavo? Come lo cambio? Gesti che dovrebbero essere semplici e immediati diventano un'impresa. Sudo quando lo maneggio, e tu spesso scoppi a ridere.

Poi arriva tua madre, che ride ancora più forte e dice: «Lasciate fare a me, che me ne intendo».

Tu, però, la fermi e le spieghi: «Per diventare esperti bisogna fare esercizio». E io continuo a rigiramelo tra le mani... e a sudare sette camicie.

Ti vedo come non ti ho mai vista: energetica e stanchissima. Felice e triste. Tranquilla e nervosa. Calma e ansiosa. Tutto ti fa toccare il cielo con un dito, ma dopo un attimo, all'improvviso, ti senti agitata e ti viene da piangere. Se c'è una cosa davvero faticosa è starti accanto mentre viaggi sulle montagne russe delle emozioni. Sono uno che ama la stabilità. Se rimani serena, costante, senza alti e bassi, sarò il partner perfetto. Ma se sfiori i picchi della felicità e poi ti butti in un abisso di tristezza, vacillo.

Devo dire che il momento peggiore è la prima visita dal pediatra, due giorni dopo il rientro a casa. È proprio uno s... Forse è meglio se non completo la frase. Come si fa a indossare quella maschera di indifferenza di fronte a una mamma che ti mette nelle mani il suo pupo appena sfornato, ancora fragrante di placenta e liquido amniotico? Lo maneggia come un bambolotto senz'anima. Lo misura in lungo e in largo, poi lo posa sulla bilancia e lì comincia il finimondo. Con tono un po' arrogante e un sorriso da ebete, sentenzia: «Ma mangia abbastanza?».

Vorrei rispondergli: «Guardi, ieri ha rifiutato il *pâté* con le olive, però di fegatelli con le cipolle e di zuppa di pesce ha fatto il bis. Stamattina, invece, a colazione ha detto che voleva solo due fette biscottate con burro e marmellata, quindi forse si è tenuto un po' troppo leggero».

Ti rendi conto di che cosa ci ha chiesto? Lo abbiamo da due giorni, non sappiamo ancora come cambiarlo e lavarlo e lui, con atteggiamento superiore, ci fa capire che forse lo stiamo già facendo morire di fame. Mi sento invadere da una rabbia tale che lo prenderei a pugni.

Ci consiglia di pesarlo su una bilancia dopo ogni poppata, per vedere quanto latte ha ingerito.

Non appena usciamo, ti vedo andare in mille pezzi. Allora mi dico: calma e sangue freddo, possiamo risolvere. Mi volto verso di te e ti sussurro che quel medico è un cretino e che per i tre giorni successivi non dovremo fare altro che starcene tranquilli.

Ricordo bene che cosa successe a mia sorella quando allattava sua figlia: era tutto un su e giù dalla bilancia a ogni pasto. Un incubo.

Noi non faremo la stessa vita. Anzi, sono io che non voglio. Da oggi, fai come ti dico. Restiamo sereni e impariamo a osservare il bambino, per imparare da lui che cosa lo agita o lo rassicura, lo fa piangere oppure dormire. Per quanto ho potuto vedere finora, di solito è calmo. Se avesse avuto fame, ce lo avrebbe fatto capire, in un modo o nell'altro. Adesso andiamo a casa e vedrai che ce la caveremo bene insieme, senza tanti problemi.

Sarà la decisione con cui ti ho parlato, sarà che forse anche tu, con l'istinto materno, senti che il pediatra aveva solo voglia di fare in fretta e liberarsi di noi, ma torniamo dai tuoi, ti rilassi, attacchi il pupo al seno e lo vedi succhiare con un'energia e una forza che sono la migliore dimostrazione di quanto ci siamo appena detti. Poi, riempie il pannolino di parecchio materiale semiliquido (che ne dici, lo portiamo dal medico e glielo mettiamo sotto il naso, per verificare se quantità e qualità sono soddisfacenti?).

Infine, decidiamo che non ci va più tanto di stare accampati dai tuoi.

Mi annunci: «Ho voglia della mia casa».

Ti bacio sulla fronte. In quattro e quattr'otto raccogliamo tutte le nostre cose e ce ne torniamo a casa. Tua madre la prende bene.

Cerco di essere presente più che posso. Riprendo il lavoro a poco a poco. Mi piace sapere che, se sono nei paraggi, ti senti più tranquilla.

Di tanto in tanto, mi sembra che qui dentro manchi l'aria. Da quando siamo genitori, viviamo confinati tra quattro mura e abbiamo poco tempo per noi. A volte, mi ritrovo a pensare a tutto quello che potrei fare se non fossi lì seduto sul divano a farti compagnia. Poi, però, vi guardo negli occhi e mi sento felice. Mi invade uno strano senso di tenerezza e di soddisfazione. Potrei essere dappertutto, ma il posto in cui voglio restare è qui, vicino a voi. Di solito, a questo punto, il pupo comincia a piangere e se mi avvicino sento uno strano odore di cacca.

Ecco, appunto. È qui che voglio restare. Anche se, con la fragranza che aleggia nell'ambiente, non sembra affatto romantico.

♀ Come la vede lei

«Ciao amore, fai con calma. Hanno detto che il pediatra arriverà un po' tardi. Mi hanno già dimessa, ma devono visitare il bambino... No, non c'è bisogno che vieni subito. Ce la faccio a fare le valigie. Devo piegare due camice da notte e sistemare il beauty case*... No, i punti non mi fanno male, cioè: mi fanno male, ma ce la faccio a sistemare il borsone da sola... Bravo, passa al municipio a sistemare le pratiche burocratiche. Io pranzo qui, oggi c'è il risotto. Tu ce la fai a mangiare qualcosa? Prenditi una pizza... va bene, allora vieni qui, ti do un po' del mio risotto. Tanto c'è anche la crescenza con il purè! Mi mancherà trovare sempre tutto pronto. Un bacio, ti aspetto».*

Ci siamo, sono qui in camera con il nostro angelo, che ha una tutina verde splendida. Ce l'ha regalata una mia amica (giusto perché dici sempre che i tuoi amici sono più generosi).

Adesso sta dormendo. Stanotte mi ha succhiato l'anima. Si attaccava al seno di continuo, un po' mangiava, un po' no, ma sembrava dotato di un finissimo rilevatore di contatto. Se provavo a staccarlo, gli si riattivavano i circuiti. Ho tentato in tutti i modi di rimetterlo nella culla, almeno per andare a fare pipì. L'una, le due, le tre... Quanto dura una notte? Una veglia infinita, e io ero lì. A tratti, ridevo guardandolo, così piccolo e meraviglioso. Ha la pelle tutta secca, nonostante i massaggi con l'olio di mandorla. Ci hanno detto che ci vorrà qualche settimana. In altri momenti mi commuovevo, lo annusavo perché ha un odore meraviglioso. Lo accarezzavo sui capelli radi e morbidi. Infine, mi innervosivo perché una pausa doveva concedermela, ma poi lo guardavo e me lo sarei mangiato, per il bene che gli voglio.

Ieri mi è arrivata la montata lattea. Miracolo! Per la prima volta in vita mia posso dire di avere un seno. Io che da sempre convivo con una seconda scarsa, oggi ho riempito una quarta, e senza ricorrere alla chirurgia estetica. Non vedo l'ora di mostrarti gli effetti magici dell'allattamento.

Stanotte il nostro gioiello sembrava avere una fame insaziabile. Alle quattro ero in preda alle visioni. Mi addormentavo in tutte le posizioni con lui in braccio, ma mi risvegliavo con l'angoscia di farlo cadere, di schiacciarlo. Il letto dell'ospedale è troppo piccolo. Alla fine, ho ceduto: mi sono alzata, l'ho messo nel lettino a rotelle e l'ho portato alla nursery. *Ho bussato e non c'è stato bisogno di dire niente. Avrei baciato l'infermiera, che mi ha detto con il sorriso: «Lo lasci pure qui con noi. Lo riportiamo per la poppata tra un po'». I suoi occhi mi dicevano che non stavo facendo niente di male, che non stavo abbandonando mio figlio in un cassonetto. Era la prima volta che chiedevo aiuto.*

Sono corsa indietro verso il letto e sono precipitata in un sonno profondo, ristoratore. Due ore dopo, l'infermiera era lì con il bambino. Si vedeva che anche lui aveva fatto una bella dormita.

Stamattina, quando ti ho raccontato tutto, mi hai chiesto: «Ma non potevi portarlo prima?».

Adoro il senso pratico di voi uomini, perché non parlate mai a caso. Dite proprio quello che avreste fatto al posto nostro.

Ormai, è tutto pronto per tornare a casa. Hai deciso che ci saremmo fermati qualche giorno dai miei. Hai detto che sarebbe stato meglio così per tutti, che non avremmo dovuto gestire l'invasione dei parenti, ci avrebbero preparato da mangiare e noi ci saremmo occupati solo del pargolo.

Eccoci arrivati. Mamma ha allestito nella mia vecchia camera un letto matrimoniale con tutti i comfort. Ci sistemiamo come in albergo: i vestiti sulla sedia, il bagno e gli altri spazi in comune con i miei.

Il primo giorno corre veloce. Ce ne stiamo sempre nella stanza e contempliamo il nostro capolavoro. Oggi dorme sempre. Tra una poppata e l'altra passano ore e quasi siamo spiazzati dall'abbondanza di tempo libero.

Provo una sensazione strana. È come se tutte le cose più belle della vita mi fossero già successe. È il post-picco della gioia. La domenica dopo il sabato del villaggio. Non so spiegarlo, direi che mi sento triste per la troppa felicità di cui ho goduto.

La notte, un po' dormiamo e un po' ci alziamo a turno per cambiare, cullare, nutrire il piccolo. Sull'ultimo punto, puoi fare poco, ma è importante che tu mi sia vicino.

La mattina dopo facciamo tutti i trattamenti di bellezza che ci hanno insegnato alla nursery. Restiamo in pigiama, tanto siamo in camera. Qualcuno inizia a farci visita. Tu ti vesti. Chiacchieriamo. Poi rimaniamo di nuovo soli. Non esco da ventiquattr'ore. Sono felice, ma insofferente. I miei non sono affatto invadenti, entrano in camera solo per portarci da mangiare. Sono discreti anche nel godersi il nipote.

Un'altra notte. Al mattino, mi alzo presto per tirare su le tapparelle. Ho bisogno di far entrare un po' di luce. Mi chiedo se stiamo andando bene.

Oggi abbiamo la visita in ospedale, ci diranno se il piccolo cresce bene. Mi vesto con gli stessi abiti di quando mi hanno dimessa. Arriviamo puntuali come non mai. Incontriamo le altre coppie che erano ricoverate con noi. Ci accoglie un'infermiera che non ho mai visto, poi arriva il pediatra. Lo misura e lo pesa.

«Non è cresciuto molto. Si attacca?».

Io: «Non fa altro!».

«È aumentato solo di 90 grammi dalla dimissione. Non sta crescendo abbastanza. Lo rivedo fra tre giorni. Pesatelo prima e dopo la poppata... Come, non avete una bilancia? Procuratevela. Per il resto, tutto ok. Buongiorno».

Esco con un peso sul cuore. Avrei dovuto svegliarlo quando dormiva troppo. Non dovevo metterlo nella culla quando si addormentava mentre succhiava. Devo dargli il seno più spesso.

«Certo che questo dottore non brilla per capacità di incoraggiamento». Per fortuna sei con me.

«Sei viva?» mi chiedi mentre torniamo verso la macchina. Il pupo dorme tranquillo. E io che credevo stessimo trovando il nostro ritmo.

«Dobbiamo fermarci a comprare una bilancia».

«Direi che per ora non ce n'è bisogno. Ti ricordi che vita faceva mia sorella con tutte quelle pesate? Andiamo al consultorio. Lì pesano i bambini tutti i giorni. Ci vai domani e senti che cosa ti dicono».

«E se c'è qualche problema? Se non ho latte?».

Arriviamo a casa. Sono felice che tu sia ancora vicino a me. Domani torni al lavoro, ma oggi, grazie al cielo, sei qui.

«Adesso chiediamo a tua madre se ci guarda un'ora il nipotino, mentre facciamo una passeggiata».

«E se piange? Se si sveglia?».

«Restiamo qui in giro, così, se serve, rientriamo subito. Direi che possiamo osare».

Ed eccoci, mano nella mano, a camminare lungo le

strade in cui sono cresciuta. Mi sento molto inquieta, le parole del dottore mi risuonano in testa.

Mi chiedi come sto, e inizio a raccontarti un sacco di cose, ma soprattutto, inizio a piangere. Piango a lungo, mi sembra di partorire una seconda volta, sfogo tutte le paure, il senso di inadeguatezza, la tristezza.

Mi sento debole e indifesa, e mentre cammino accanto a te ti mostro il lato B del mio carattere, quello che emerge quando mi sento insicura. Ho pianto in viaggio di nozze, e lo faccio ancora quando vai via per lavoro, quando un'amica mi ferisce.

Tu mi ascolti e mi tieni la mano. Lasci uscire tutto. Io sento le mie parole e mi spavento. Dov'è tutta la gioia che avevo dentro? Non vorrei comportarmi così, ma non posso fare a meno di piangere tutte le mie lacrime. Tu non sembri affatto sconvolto. Mi sorridi come se stentassi a credere che io abbia paura di non farcela: "È chiaro che ce la farai!" sembri dirmi "Sei nata per fare la mamma".

All'inizio del quarto giro, mi fai cenno che è ora di rientrare. Un'ora è volata. Ti guardo e ti salto al collo: «Grazie amore. Mi sento bene, adesso».

«Per così poco?».

«È stato bellissimo».

«Non me lo dici con un trasporto simile neanche quando facciamo l'amore!».

«E ti dirò di più: ce ne torniamo a casa nostra?».

«Sicura di non aver più bisogno dell'aiuto dei tuoi? Domani torno al lavoro».

«Mai stata più sicura. Mi sento un leone» e mi metto a correre, punti permettendo. «Prova a prendermi!».

♀♂ La sfida

Tornare a casa dopo il parto è forse il passaggio più complesso. Il bambino, una volta lasciato il reparto di Ostetricia, è totalmente affidato alle nostre cure. Se in ospedale avevamo la rete di sicurezza del personale sanitario, pronto a intervenire in ogni momento e supportarci per qualsiasi evenienza, ora, per la prima volta, siamo soli. In tre, ma soli. Come se non bastasse, tutte le geometrie relazionali vanno reinventate.

Per cominciare, dobbiamo prendere consapevolezza del piccolo, dei suoi ritmi e bisogni, che nessuno conosce ancora, nemmeno lui. Sa fare una sola cosa: piangere. Piange se ha fame, se ha sonno, se vuole restare sveglio, se ha il pannolino sporco. Piange perché non sa dire: "Ho bisogno di aiuto". E dobbiamo imparare a decodificare le lacrime, a capire quale richiesta nascondono.

Nel farlo, però, le mamme sperimentano una certa ansia, che a volte può rivelarsi dannosa. Sentono che spetta a loro placare in qualsiasi modo quel lamento ininterrotto e temono che celi bisogni difficili da comprendere e soddisfare. Allora, stanno sempre all'erta, attente a tutto, come se fosse una questione di vita o di morte. Invece, bisogna semplicemente imparare a conoscersi, a capirsi instaurando un dialogo diretto e concreto, apprendere come curare e accudire. Per riuscirci, occorre impegnarsi a realizzare due condizioni fondamentali: la sintonia e la sincronia.

Sintonia significa essere sulla stessa lunghezza d'onda, ovvero comprendere che noi e il neonato stiamo provando la stessa cosa, viviamo la medesima esperienza. Esempi di buona sintonia tra mamma e bambino sono:

- "Tu piangi perché hai fame, e io ti allatto";
- "Tu piangi perché hai sonno, e io ti cullo dolcemente tra le braccia";
- "Tu piangi perché hai il pannolino sporco, e io ti cambio";
- "Tu piangi perché hai voglia di coccole e carezze, e io ti coccolo".

All'inizio, non è facile sintonizzarsi. Ci vogliono tempo e allenamento. Se la donna è molto preoccupata che il piccolo non mangi abbastanza, tenderà a offrirgli latte a ogni pianto, rischiando di alterare la comunicazione con lui.

Ecco perché è importante che il papà intervenga, eventualmente, a placare l'ansia. Può diventare un mediatore, perché mostra alla compagna di comprendere il suo senso di responsabilità e la sua fatica. Al tempo stesso, le offre un sostegno a cui può aggrapparsi quando la stanchezza le sembra eccessiva.

Non dimentichiamo che le neomamme, nel primo periodo, possono essere, a tratti, molto giù di morale. Gli uomini tendono a non accorgersene, o addirittura a negare lo stato d'animo. «Non puoi essere triste, quando nella nostra vita è entrata una gioia così grande. Non è possibile che ti venga da piangere quando hai in braccio una creatura meravigliosa» è proprio il genere di frase che non serve a nulla e a nessuno.

Devono riuscire a rimanere con la compagna, sia in senso fisico (la posizione migliore che possano scegliere, nelle prime quattro settimane dopo il parto, è sul divano, nella stanza in cui lei si prende cura del bambino), sia emotivo (se è triste, occorre che imparino a entrare nella sua tristezza, dicendole che è naturale, che quasi sempre è colpa degli ormoni e che insieme riusciranno a far fronte a tutte le novità).

Più la coppia attiverà una sintonizzazione triangolare (io sento quello che senti tu e noi sentiamo quello che sente il bambino), più il neonato troverà l'armonia con i genitori, con benefici fisici ed emotivi.

Altrettanto importante è la sincronizzazione, ovvero, riuscire a sentire quello che sente l'altro *nello stesso momento*. Per la mamma significa, soprattutto nelle prime settimane, soddisfare le richieste di aiuto del piccolo in tempo reale. Di fronte a un pianto, può arrivare per rispondere al bisogno (è sintonizzata), ma può sbagliare il momento (non è sincronizzata). In genere, giunge all'istante e fornisce la risposta che il neonato si aspetta.

Potrebbe succedere, tuttavia, che non si presenti, per diversi motivi. Magari sta parlando al telefono, oppure ha deciso di riprendere a lavorare subito dopo il parto. O ancora, è semplicemente troppo stanca, oppure troppo triste per accorrere subito. In questo caso, il piccolo riceve una risposta esatta, ma ritardata, e potrebbe registrare il dato nella propria mente in divenire.

Se l'episodio si ripete di frequente, può scivolare in una condizione di costante richiesta e piangere di continuo, per paura che non arrivi mai il momento in cui qualcuno si prenderà cura di lui. Si instaura uno schema di comportamento basato su un ragionamento implicito: "Meglio piangere più del dovuto, anche quando non ne ho bisogno, perché altrimenti c'è il rischio che, quando mi servirà davvero, non arriverà nessuno". Bambini piagnucolosi, spesso senza motivo, non di rado hanno genitori poco sincronizzati sui loro bisogni.

Ma c'è anche il caso opposto: un eccesso di sincronia, ovvero la donna anticipa tutti i bisogni del figlio (magari spinta dall'ansia), senza lasciargli il tempo di sentirli. Lo allatta sempre, controlla mille volte se il pannolino è sporco, lo sveglia quando dorme (perché ha paura che riposi troppo) e vorrebbe farlo addormentare quando è sveglio (lamentandosi che non riposa mai). Insomma, è sempre preoccupata di non farlo soffrire e lo anticipa. In questo modo, tuttavia, diventa intrusiva e invadente, e non gli consente di imparare ad ascoltarsi, condizione fondamentale perché percepisca che qualcun altro lo ascolta.

Di nuovo, il papà ha un ruolo molto importante. Grazie a uno sguardo esterno e meno coinvolto, è capace di frenare l'eccesso di zelo della madre, o sollecitarla in caso di reazione troppo lenta. Inoltre, può, di tanto in tanto, sostituirsi a lei. È vero, non è in grado di allattare, ma può cambiare, far addormentare e coccolare. E farlo al momento giusto, se la mamma è impegnata o non ne ha voglia, gli permette di ritagliarsi un ruolo, uno spazio nella relazione con suo figlio.

Per l'uomo è fondamentale sviluppare una buona sincronizzazione con la partner rispetto al rapporto di coppia. In particolare nelle prime settimane, la donna spesso dimentica di essere anche compagna e moglie. Si focalizza sul bambino al punto di trascurare i bisogni privati e personali dell'altro, il quale, osservandola, penserà: "Ora che c'è il piccolo, non esisto più". In realtà, non lo sta escludendo, lo sta solo mettendo da parte momentaneamente, perché è chiamata ad altri compiti.

Per qualche tempo, agli uomini è richiesto di essere pazienti e disponibili, con poche aspettative su di sé. Se non riescono a sincronizzare i propri bisogni con quelli del bimbo, e si concentrano sulle necessità della coppia, rischiano di sentirsi esclusi e abbandonati, invisibili.

Nelle prime settimane i due partner scompaiono dietro il ruolo di madre e padre. Si compie il passaggio da due a tre e ci si deve sforzare di costruire una relazione triangolare. Solo nei mesi successivi si tornerà indietro, per riprendere in mano, e in modo intenso, il filo del rapporto amoroso. Ma avverrà più avanti, non ora.

IL FILM DA VEDERE

—

CASOMAI

di Alessandro D'Alatri,
commedia, Italia, 2002, 90 minuti

—

Casomai è un film interessante e allo stesso tempo leggero di qualche anno fa, che può essere piacevole vedere insieme, se siete diventati genitori da poco. Mette a fuoco alcune sfide comuni legate alla scelta di mettere su famiglia ai nostri giorni. Guardatelo e discutetene.

Ecco qualche dialogo saliente sull'arrivo di un figlio e sulla coppia.

1. **Le reazioni degli amici dei due protagonisti, Tommaso e Stefania, all'annuncio della gravidanza**
   Amica: *Nooo…*
   Amica: *Ma sei sicura?*
   Amico: *Non ci posso credere… Povera creatura!*
   Mamma di lei: *Ah, ah, ah, piccinina mia!*
   Papà di lui: *Bene! Evviva!*
   Mamma di lui: piange
   Papa di lei: *Oh Cazzo!*
   Amiche: *Ma la fai l'amniocentesi? No, tu sei ancora giovane! Che c'entra? Uno la fa così sta tranquillo.*
   Amica: *I corsi di preparazione sono tutte cazzate, quando sei lì, te lo giuro, non ti ricordi più niente.*
   Amico: *È maschio o femmina?*
   Tommaso: *Mah, speriamo uno dei due.*
   Amiche: *Guarda, le femmine sono più tranquille. Coi padri, poi, sono eccezionali.*
   Amico: *I maschi danno meno problemi.*
   Amica: *Il mio mi fa disperare!*
   Amico: *In ogni caso, fatevi un viaggio adesso, perché poi…*

Amica: *Il dolore più grande? Quando devi dare l'ultima spinta, guarda, una roba pazzesca, non ci posso ripensare.*

Collega donna: *Assisterai al parto?*

Collega uomo: *Una cosa spoetizzante al massimo.*

Amiche: *Guarda che il ginecologo è importante! Perché non vieni dal mio? Ma il mio è primario!*

Amico di calcetto: *Oh, lo sai che ci sono donne che raggiungono l'orgasmo durante il parto?*

Amica: *Ospedale o clinica?*

Amica: *Ma sei matta? Il papa quando è malato dove va? Mica in clinica!*

2. Stefania si confida con Tommaso dopo aver fatto addormentare il neonato

Lei: *Io ho paura!*

Lui: *Di che cosa?*

Lei: *Che prima o poi tu ti stufi.*

Lui: *Cosa dici?*

Lei: *Lo sai che cosa mi ha detto Monica? Ci sono tre campanelli d'allarme: il primo è quando non si esce più! Il secondo è quando non si fa più sesso. E l'ultimo quando si guarda la televisione.*

Lui: *Allora vediamo di non far suonare il secondo, eh?*

3. Un momento di crisi

Lei: *La cosa peggiore è che non parliamo più. Non hai niente da dirmi?*

Lui: *Se non parliamo più, cosa devo dire?*

Lei: *Tommaso, io parlo solo con Andrea [il bambino], mia mamma, la badante, ho bisogno di parlare con qualcuno che sia come me.*

Lui: *Io, invece, passo tutto il giorno a parlare, a lottare, quando vengo a casa sinceramente vorrei godermi un po' di silenzio.*

Lei: *Un po' di silenzio? Sembra il titolo di una soap opera.*

Lui: *Della televisione non me ne frega niente, la guardo perché la devo guardare.*

Lei: *Infatti tu non è che non parli perché guardi la televisione, tu guardi la televisione per non parlare e non parli con me perché non hai più niente da dirmi. Vero o no?*

Lui: *Mamma mia come sei complicata! Cosa vinco se indovino la risposta?*

Lei: *Non abbiamo più un momento nostro, una gratificazione, anche di quelle stupide, sì ma quando? Con quali energie poi? Sei cambiato! È come se la parte migliore di te si fosse addormentata!*

Lui: *Almeno lei! Comunque mi sa che hai ra-*

gione, perché non sei l'unica a dirmelo. Non sono cambiato solo io, però.
Lei: *Sei strano!*
Lui: *Anche tu!*
Lei: *Mi ami ancora?*
Lui la abbraccia.

♂ Nella mente degli uomini

Se c'è una cosa che gli uomini non sanno, è che stare vicino al proprio bambino nei primi giorni dopo la nascita ha il potere di *cambiare* il loro cervello, nel senso letterale del termine. È come se la vicinanza scolpisse e rimodellasse alcuni circuiti cerebrali. Ce lo hanno insegnato le neuroscienze, che, alla luce di alcune scoperte, invitano i neopapà ad affidarsi alla natura per tirare fuori il meglio di sé in questo passaggio della loro esistenza.

Infatti, se si "accomodano" nel ruolo paterno e fanno quello che dovrebbero fare con il proprio cucciolo, ovvero tenerlo in braccio, cullarlo e guardarlo negli occhi, saranno facilitati nell'assolvere le loro funzioni e il piccolo avrà uno sviluppo migliore.

Questi semplici gesti hanno lo straordinario potere di modificare il cervello maschile, in quanto innalzano i livelli di ossitocina e prolattina, che la scienza ha sempre associato soltanto al parto e all'allattamento materno. Se un papà tiene in braccio il figlio, l'amigdala (ovvero l'area del cervello in cui risiede l'intelligenza emotiva) subisce una stimolazione molto intensa. Di conseguenza, attraverso una serie di interconnessioni neuronali, vengono rilasciati i due ormoni, che servono a stabilire le relazioni affettive e i sentimenti, in questo caso verso il nuovo arrivato.

Tra gli effetti, c'è anche una diminuzione temporanea della secrezione di testosterone, l'ormone che induce desiderio sessuale e aggressività. Lo scopo è, ancora una volta, rendere l'uomo il miglior padre possibile, permettendogli di sperimentare la tenerezza, solitamente poco presente nei maschi, ma perfetta per prendersi cura della prole.

È come se la natura, attraverso la vicinanza e il contatto con il bambino, permettesse di integrare nell'identità di maschio adulto anche il ruolo di genitore. Il calo del testosterone, per esempio, va nella stessa direzione: aiuta il neopapà a stare vicino alla compagna non tanto per attrazione sessuale, quanto per accudire il sangue del suo sangue.

La donna, dopo il parto, ha bisogno del compagno proprio per questo. Per alcune settimane, infatti, è impossibilitata ad avere rapporti sessuali e vive un coinvolgimento intenso con il neonato. Sentire accanto a sé un partner calmo, tenero e attento non può che farle bene. È come se l'evoluzione avesse selezionato, tra tutte le reazioni biologiche dell'uomo alla nascita di un figlio, quelle che più gli consentono di trasformarsi da maschio in padre, sviluppando, attraverso modificazioni neuro-biochimiche, l'inclinazione alla tenerezza e all'accudimento, di solito scarsa nel genere maschile, né incoraggiata dal contesto sociale.

La ricerca, tuttavia, ha anche dimostrato che i cambiamenti si mantengono solo se il papà resta a contatto con il piccolo, ovvero se lo tocca, lo abbraccia e lo culla. Se, invece, torna subito alle sue mansioni, ovvero si butta negli impegni sociali e professionali che lo tengono lontano dal nido, il testosterone si rialza in fretta e ossitocina e prolattina invertono la rotta.

Insomma, è fondamentale che un padre tenga il proprio cucciolo in braccio a lungo e lo guardi negli occhi. Solo così gli garantirà le migliori cure e al tempo stesso si assicurerà di sperimentare la trasformazione emotiva che la natura ha scritto nel codice genetico di ogni maschio alla nascita di un figlio.

♀ Nella mente delle donne

Conoscere il funzionamento del cervello permette di capirsi. A volte, è importante aiutare il partner a sintonizzarsi con la nostra mente. Per esempio, sapere che gli uomini faticano a decodificare i segnali emotivi delle compagne, che non colgono immediatamente i segni della tristezza e della sofferenza, che lo sforzo prolungato può demotivarli, le stimola a esprimere più chia-

ramente i propri stati d'animo. Ecco perché, in genere, piangono molto di più: sanno che, altrimenti, i maschi non capirebbero i loro bisogni.

Nei primi giorni a casa, lo stato d'animo materno può oscillare fra estremi opposti: la gioia può lasciare spazio alla tristezza, e viceversa. Se un uomo vede la propria compagna piangere, non deve spaventarsi. Lei ha bisogno di qualcuno che contenga le sue emozioni più forti, e un partner intimorito o ansioso non le sarà d'aiuto. Le lacrime servono a sfogare ciò che si agita dentro, attirano l'attenzione, mostrano con evidenza un'attività emotiva. Non abbiate paura di piangere e di veder piangere.

Nelle prime settimane dopo il parto, è molto importante che la mamma prenda l'abitudine di condividere con l'altro ogni sensazione, se necessario, anche conducendo per mano il neopapà nell'esplorazione delle montagne russe della mente femminile.

La donna diventa un radar pronto a intercettare tutti gli eventuali pericoli per il bambino, e riesce a rilassarsi solo quando pensa di avere tutto sotto controllo. Se, per esempio, arriva in casa un parente che vuole conoscere il neonato e, senza pensarci, lo prende in braccio, si mette in all'erta, in un atteggiamento protettivo-aggressivo. Osserva il modo in cui la persona stringe il piccolo, valuta la sua capacità di tenerlo in braccio. Minimi particolari possono procurarle ansia, come il pensiero che il visitatore non si sia lavato le mani. I sensori materni registrano dettagli invisibili ai più con una precisione sorprendente: un maglione troppo peloso vicino alla bocca e al naso del neonato o un braccialetto rigido che potrebbe fargli male.

L'udito si acuisce, permettendole di accorrere al primo vagito del bebè senza svegliare il compagno accanto a lei, perché l'indomani possa andare a lavorare senza risentire della notte turbolenta.

Si diventa così ricettive che, in alcuni casi, sembra ci sia un collegamento telepatico con la mente del figlio. Non di rado, ci si sveglia addirittura qualche minuto prima che pianga perché ha fame o gli fa male la pancia.

Simili doti naturali sono senza dubbio molto apprezzate dagli uomini, i quali, al mattino, possono alzarsi freschi e riposati, ignari di tutto il trambusto che c'è stato nel corso della notte.

Nelle prime settimane, gli ormoni continuano a giocare un ruolo chiave: gli estrogeni, l'ossitocina e la dopamina sono rinforzi naturali all'attaccamento e all'accudimento. La donna sviluppa un'ipersensibilità: è bravissima a captare le sensazioni corporee e viscerali proprie e del bambino. Le sue intuizioni sono molto più nette ed efficaci. E poi, come abbiamo visto, si affinano le capacità di sintonizzazione e sincronizzazione con il piccolo.

Nell'ultimo decennio, le neuroscienze hanno studiato l'abilità "riflessiva" e hanno trovato alcuni circuiti neuronali che sembrano deputati alla funzione dell'empatia, ovvero al gioco di specchi tra la mente della madre e del figlio. I neuroscienziati li hanno chiamati neuroni specchio. Anche grazie a queste cellule cerebrali le donne sembrano così brave a sintonizzarsi fin dal primo *momento con la prole, che, di conseguenza, si sente compresa, curata, amata e sostenuta, e si lega intensamente alla madre, affidandosi alle sue cure senza riserve.*

Evitiamo, tuttavia, i comportamenti troppo apprensivi. L'atmosfera che il bambino capterà attorno a sé nei primi mesi condizionerà molto il suo benessere. Il padre ha un ruolo cruciale nel frenare la compagna ed evitare che i suoi sensi siano troppo all'erta, procurando a tutti ansie inutili o perfino dannose.

♂ I consigli di papà a mamma

- È vero, il parto vi ha distrutte fisicamente, il marmocchio "vi succhia l'anima" da mattina a sera e voi siete stanche e nervose. A volte, anche tristi. Ma credeteci: noi non ne abbiamo colpa. Se possibile, faremo di tutto per farvi stare meglio. Però dovete dirci di che cosa avete bisogno. Altrimenti, potremmo commettere grossi errori.
- Anche se siete a casa, non è necessario rimanere in vestaglia e pigiama di felpa per il resto della vostra vita. Vanno bene anche un paio di jeans comodi e un maglione.
- Siete più brave di noi a cambiare il pannolino. Le vostre mamme sono più brave di noi a cambiare il pannolino. Le vostre sorelle sono più brave di noi a cambiare il pannolino. Ma quando *noi* cambiamo il

pannolino, state calme e lasciateci fare. Prima o poi, impareremo. E il bambino sopravviverà ai nostri gesti maldestri senza conseguenze troppo gravi.

- A noi risulta più semplice lavorare che consolare il pargolo in lacrime o placare la vostra ansia quando pensate che non abbia mangiato abbastanza. Ciò nonostante, quando vi annunciamo: «Faccio qualche straordinario in più, ora che siamo in tre, perché la vita adesso è più cara», non rispondete «Bravo, fai bene». Peggio ancora, non rimanete in silenzio. Se volete che per i primi giorni stiamo con voi, seduti sul divano, e che la sera torniamo presto perché siete stanche morte, ditelo chiaramente. A voce alta.
- Non serve pesarlo dieci volte al giorno, misurargli la febbre tre volte alla settimana, controllare che respiri mentre dorme, svegliarlo per assicurarsi che non sia morto. Perciò, datevi una calmata.

♀ I consigli di mamma a papà

- *Se qualche volta, di notte, riuscite a far riaddormentare il bambino prima che ci svegli, sappiate che parleremo bene di voi a tutta la città per molti giorni.*
- *Se ci vedete piangere o siamo giù di corda, non vi spaventate. Non guardateci con il terrore negli occhi, come fissereste una parete dell'Everest da scalare senza imbragatura. Ricordate che ci basta poco per tornare a sorridere. E quel poco, voi lo potete fare.*

- *Quando ci vedete travolte dalla quotidianità, prendeteci in braccio, sollevateci e fateci vedere tutto da una prospettiva più alta.*
- *Se stiamo più di cinque giorni consecutivi con la stessa tuta o, peggio, con il pigiama, fissateci un appuntamento dal parrucchiere più chic della città.*
- *Se ci lamentiamo perché nessuno ci aiuta e per tutto il giorno non siamo riuscite nemmeno ad andare in bagno, non prendetelo subito come un attacco contro di voi. Almeno, lasciateci sfogare in pace!*

CAPITOLO 5

L'ora della pappa

L'allattamento

♀ Come la vede lei

Oggi sei uscito molto presto. Hai una trasferta di lavoro e tornerai stanotte. Una giornata a marito zero.

Evviva! Quando anch'io ero in giro tutto il giorno, il tempo volava. Avevo la sensazione perenne di correre dietro alle cose da fare. Ora che sono a casa, le giornate hanno un ritmo molto diverso.

Mi sveglio alle 7 perché il bambino piange, sbottono la camicia del pigiama e voilà, la colazione è servita. Tu mi dici che al mattino sono intrattabile e hai ragione. Prima del caffè, sono incapace di intendere e di volere, ma so prendere in braccio il mio piccolo, sedermi sul letto, attaccarlo al seno e appisolarmi finché non ha finito. Per me non è poco, mi sa che lo aggiungo al curriculum.

Ci risvegliamo entrambi alle 8,30. Io un po' indolenzita per la posizione, lui pieno di cacca. Aggiungo al CV *anche un cambio di pannolino pre-colazione. Scendiamo in cucina, lo sistemo sulla sdraio a dondolo con tutti gli accessori e finalmente carburo inzuppando una confezione intera di savoiardi nel caffè e latte.*

Ore 9,15. Il pupo mi fa capire che non gradisce più quella posizione. Mollo le tazze nel lavandino e lo prendo in braccio. Canto tutto il repertorio delle canzoncine: l'apetta ballerina e la ranocchia salterina, la Befana che lo tiene una settimana e il lupo nero che lo tiene un anno intero. Come mi manca Tiziano Ferro! Potrei tentare un adattamento.

Sono in pigiama: non aspetto visite, purtroppo. A quest'ora le mie amiche stanno tutte lavorando perché io sono la prima a essere diventata mamma. Non sono circondata da coetanee con le occhiaie e bambini al collo che mi invitano a uscire a tutte le ore del giorno. Per carità, non mi posso lamentare, mi chiamano sempre, vengono a trovarci appena possono, adorano il mio fagottino e lo coccolano piene di entusiasmo... quando la loro agenda glielo consente.

Ore 10. Fuori c'è vento forte. Io sto ancora cantando, incoraggiata da due occhietti che ogni tanto si chiudono. Ce la posso fare. Non vedo l'ora di farmi una bella doccia. Ieri non ci sono riuscita. Forse l'ultima è stata l'altro ieri? Non mi ricordo.

Appoggio il piccolo con molta attenzione, neanche giocassi all'Allegro chirurgo. È fatta. Tutto tace.

Vorrei chiamarti per salutarti, ma mi hai detto che oggi mi telefonerai tu fra una riunione e l'altra.

Corro in bagno ad accendere la stufa. Chiedo scusa fin d'ora a tutti quelli che non hanno acqua, perché oggi non penserò a loro affogando sotto il getto. Cerco nella pila dei panni da stirare qualcosa di pulito da mettere. Una bella tuta grigia andrà benissimo. Tolgo le pieghe con le mani e ci siamo. Prendo il phon. Metto anche la musica a basso volume, così sento se il piccolo piange. Mi spoglio. Allungo un piede per sentire l'acqua.

Suona il cellulare. Richiameranno.

È ancora un po' fredda.

Suona il telefono di casa. Richiameranno. Adesso posso entr...

Ore 10,15. Sono sul divano con l'accappatoio asciutto e allatto. Intanto, parlo con te al telefono: «Ho insistito a chiamarti perché poi non posso più sentirti fino alle 14». Penso alla stufa che avrà reso il bagno un paradiso caraibico.

Si è addormentato. Lo metto nella culla, apro la porta del bagno e sono nel deserto. Suonano alla porta. Sono all'inferno. Suonano di nuovo, a lungo. È mia madre, non ho dubbi. Se non scendo ad aprire, inizierà con i telefoni. Spengo tutto e abbandono il sogno.

«Ciao mamma, stavo per fare la doccia».

«E il piccolo?».

«Dorme!».

«Ma dorme sempre? Non riesco mai a godermelo».

«Vorrei tanto poter dire lo stesso».

«Che cos'hai detto?».

«Niente mamma. Vuoi entrare?». Dirà di no.

«Va bene, mi fermo qualche minuto, magari si sveglia».

«Magari no, così io riesco a farmi la doccia».

«Vai pure tranquilla. Se piange, ci penso io». Parole benedette.

«Mamma, ti adoro! Se vuoi, lì ci sono i giornali. Io torno tra un paio d'ore».

«Eh?».

«Scherzo, mi lavo e arrivo». Entro in bagno. Alzo il volume al massimo, canto a squarciagola sotto il getto bollente. Sono una donna libera.

Ore 11,15. Mia madre apre la porta: «Si è svegliato! Lo prendo?». Forse ho urlato troppo.

Ore 12, un pannolino e molte ninne nanne dopo. «Mi sa che ha fame» e mi passa il bambino. «Io devo andare a preparare il pranzo a papà. Dì ciao alla nonna... dì ciao... noooon-na, non-na».

«Mamma, ha quattro mesi. Se proprio ti va bene, ti può fare un ruttino».

«Sei tutto la tua nonna. Dài, dài piccolo, che adesso la tua mamma ti dà da mangiare».

«Non sono passate neanche due ore...».

«Poverino, non lo senti come piange? Si vede che ha fame. Vero, amore, che hai fame?».

Ore 12,10. Allatto e intanto mi tolgo l'accappatoio bagnato e infilo la tuta. Altro che Arturo Brachetti.

Ore 13. Lui dorme e io mi preparo il pranzo. Il frigo

è vuoto. Devo proprio fare la spesa. Mi accontento di una pasta all'olio e di due mele, uniche superstiti nel cesto della frutta. Lavo i piatti a mano perché ho finito le pasticche per la lavastoviglie. Li metto a scolare perché i canovacci sono tutti sporchi. In casa regna un caos totale, ma non sarà così per molto. Passo l'aspirapolvere, riordino, pulisco i bagni, sistemo la cucina. Ti parlo al telefono mentre stiro.

Ore 15. La casa brilla. Sono una Cenerentola senza lieto fine. Mi butto sul divano esausta, ma il principe suona la tromba: «Arrivo tesoro». Allatto e cambio tuta. Un'ora dopo, sono pronta a uscire per la spesa.

Ore 17,30. Il bambino è stato buono nell'ovetto mentre compravo tre borse di provviste. Missione compiuta.

Ci rimettiamo in macchina, ma il pupo inizia a piangere. Odio guidare mentre piange. Mi si annebbia la vista, perdo la lucidità.

Alzo il volume della musica. Lui non sembra gradire. Spengo l'autoradio e provo a cantare. Piange. Canto più forte. Piange. Guido veloce per arrivare prima, ma è già l'ora di punta e le strade sono trafficate. Urla disperato. Ha mangiato da meno di due ore, non può essere fame. Abbasso la ventola, magari ha caldo. Piange. Ti chiamo, ma tu hai il cellulare staccato.

Ho paura di non farcela a guidare in questo stato, sento l'agitazione crescere e lui urla sempre più forte. Svolto in una stradina, vago per vie che non conosco in cerca di un parcheggio. Lo trovo. È quasi buio. Prendo il mio cucciolo e mi metto ad allattarlo in uno spiazzo *semideserto. Lui succhia vorace. Un attimo dopo, si addormenta. Tutta la fame del mondo è scomparsa in un paio di minuti.*

Ore 18,30. La spesa è a posto. E lui si sveglia. Si è ricordato che ha mangiato poco e vuole le altre portate. Finisce il pasto e stavolta resta sveglio. È molto nervoso.

Vorrei preparare la cena. Tu hai detto che forse ce la fai a rientrare per le 20 e mi piacerebbe molto cenare con te. Magari preparo i pizzoccheri che ti piacciono tanto. Ho preso gli spinaci, ma sono da pulire. Mi appendo il marmocchio addosso con la fascia, così riesco a cucinare. Funziona. Lui mi guarda e sta zitto. Poi si addormenta.

Ore 20. Arrivi puntuale come un orologio svizzero. La cena è pronta. Erano settimane che non capitava. Tu sei molto felice. Metto il bambino nella culla, ma lui non è d'accordo.

Lo prendi in braccio: «Deve mangiare?».

«Non ne posso più di sentirmelo chiedere! Non lo so. Io non lo so! Non faccio altro che allattarlo dalla mattina alla sera. Mi sento succhiata viva. Avevo preparato tutto per cenare insieme...». Mi viene da piangere. «Ha mangiato un'ora fa. Non mi dà tregua. Adoro allattarlo, ma non mi dà tregua».

Mi sento uno schifo. Tu hai ancora la giacca addosso e stamattina ti sei alzato alle 5,30. Che cosa posso pretendere da te?

Mi proponi di dargli il seno al volo, «così lo stendia-

mo in due minuti e poi ci penso io. Vedrai che tra un quarto d'ora siamo a tavola».

Allatto. Tu mi dici che nel fine settimana proveremo ad allungare i tempi tra una poppata e l'altra. Lo faremo insieme, e mentre parli sento una pace crescermi dentro. Il pupo si addormenta subito. Oggi non lo avevo mai sentito così rilassato. Lo prendi e lo metti nella culla in sala.

Ore 20,30. Siamo a tavola a mangiare. Io e te.

Nostro figlio dorme fino a mezzanotte. Ai titoli di coda del film, si fa sentire. Non urla, fa solo capire che lì con noi c'è anche lui. Mi alzo e lo prendo in braccio: «Vieni piccolo. Avevo voglia di te».

♂ Come la vede lui

Sapere che il tuo corpo diventa cibo che nutre il nostro bambino per me è incredibile. E così, quando vi vedo uniti, con lui che succhia da te e tu che ti lasci cannibalizzare come se fosse la cosa più naturale del mondo, non capisco più nulla.

Da un lato, sono felice. Una donna che allatta equivale a un capitale investito nel futuro e nel benessere della prole, lo leggo ovunque. Il vantaggio economico non è nemmeno da mettere in discussione. Chi ha la sfortuna di non poter allattare si trova invischiato in interminabili procedure a base di latte in polvere, biberon, sterilizzatore, ciucci, tettarelle e chi più ne ha, più ne metta: un passivo nel bilancio familiare che non provo neanche a immaginare, e che non posso dedurre dalle tasse.

E poi, mi è ben chiaro che gli passi i tuoi anticorpi, le tue difese immunitarie e un sacco di sostanze che gli fanno bene adesso, e ancora di più in futuro. Non dimentico nemmeno i tanti vantaggi emotivi e relazionali della simbiosi tra mamma e bambino, che, come ci hanno spiegato al corso di preparazione al parto, nell'allattamento raggiunge il picco.

Però, ricordatevi, voi due, che prima anch'io avevo qualche diritto su quei magnifici seni. Non lo facevo certo per nutrirmi, ma guardando il tuo corpo nudo ho sempre provato un misto di piacere ed eccitazione. Ora, invece, che le tue mammelle sono il territorio preferito del nostro cucciolo, la fonte che gli permette di crescere e sopravvivere, mi sento quasi in colpa a fare questi pensieri.

Allo stesso tempo, ti vedo sempre concentrata su di lui quando devi sfamarlo, ma anche quando dorme, quando è sveglio e sta in silenzio, quando piange. Lui, lui, sempre lui. Mi verrebbe da chiedervi: "E io chi sono? Chi sono diventato? In chi mi avete trasformato?".

E mentre mi sento escluso dalla vostra luna di miele che sembra non finire mai, un giorno mi guardi triste e mi dici: «Ma è possibile che non ti accorgi di nulla? Che vivi la tua vita come se non fosse successo niente, come se tutto fosse immutato, come se io fossi la schiava di una creatura e tu un visitatore che la sera torna a casa a mangiare e a dormire dalla sua locandiera preferita? Giuro che non me l'aspettavo proprio».

Quella sera, mi siedo al tuo fianco e tu provi a raccontarmi come il bambino ti abbia regalato la più grande felicità della tua vita, ma anche il senso di solitudine più profondo mai sperimentato.

«Tu non puoi neanche immaginare che cosa voglia dire essere sempre a disposizione di un esserino che è carne della tua carne, che dipende in tutto e per tutto da quello che fai e che sei. In certi momenti, mi sembra di essere in galera. Lo lavo, lo cambio, lo prendo in braccio, lo allatto e poi devo di nuovo cambiarlo, e a quel punto cerco di farlo addormentare. Quando finalmente ci riesco e lo metto nella culla, provo a sbrigare tutto il resto di corsa: lavare, pulire, cucinare, sentire le amiche, così quando si sveglia sono pronta a ricominciare daccapo. A volte, mi sembra di non avere nemmeno il tempo di fare la doccia, di andare in bagno. Vorrei uscire a fare due passi, ma fuori piove e fa freddo, e allora preferisco starmene in casa. Però, tra queste mura mi sento sola, esclusa dalla vita che facevo prima. Le mie amiche non hanno figli, seguono altri ritmi e hanno esigenze diverse. Ci sentiamo, a volte passano di qua. Ma io capisco che è come andare a trovare un malato all'ospedale. Ci vai per fargli un favore, ma non vedi l'ora di tornare alla tua vita».

Ascoltarti mi fa stare male e bene allo stesso tempo. Mi dispiace scoprire quante cose di te non avevo intuito. Io mi sentivo escluso, mentre tu ti sentivi in galera. Siamo proprio una bella coppia. Ma mi ha fatto anche piacere raccogliere le tue confidenze. Perché ho compreso che non sono tagliato fuori da nulla e che tu continui a considerarmi il tuo punto di riferimento.

Allora decido che l'indomani ce ne andremo a mangiare una pizza con il pupo al seguito.

Ti dico: «Non preoccuparti. Se fa le bizze, ci penso io a calmarlo. Tu te ne stai seduta a gustarti una pizza calda e fragrante. Chiamo anche mia sorella e le chiedo di venire due ore nel pomeriggio, così hai il tempo di andare dal parrucchiere e di farti bella».

La sera in pizzeria è una delle più belle della nostra vita insieme. Il pupo decide di addormentarsi e di regalarci un'ora di tranquillità. Ho ancora nella mente e nel cuore la tua bellezza. Fresca di messa in piega, con gli occhi felici, mi sembri bella come non mai.

Lo svezzamento e la cena a tavola

♀ Come la vede lei

Stanotte ho fatto un sogno, anzi, ho avuto una visione. Non sarà sempre così, la mia creatura non mi avrà in scacco per tutta la vita. Verrà il giorno in cui anch'io riuscirò a resistere al suo sciopero della fame davanti alla crema di zucca. Stanotte ho avuto una rivelazione. Avrò tanti figli: quattro. La quarta sarà una femmina, e con lei sarà tutto molto diverso.

	Primo figlio	*Quarta figlia*
Letture sullo svezzamento e l'alimentazione	*Tante. Non sapevo niente. Tutti parlavano di carote, zucchine e patate, ma come trasformarle in una pappa commestibile? Come evitare errori imperdonabili?*	*Tante. Ho scoperto che il gusto si educa fin dallo svezzamento e che la pappa non deve essere per forza una sbobba. Ho deciso di investire sulla buona tavola, per il bene di tutti.*
Il percorso del cibo dal piatto alla bocca	*Canzoncine e giocattoli per tenergli le mani occupate, evitando che agguanti il cucchiaino colmo, sono i nostri alleati. «Pappa buona al mio bambino, apri la boccuccia, bravo. No, il cucchiaino non si tocca. Mangia un altro po', a mamma!» lo incitiamo io e mio marito, con la bocca aperta per far vedere come si fa. Istinto impossibile da trattenere.*	*Viva le mani! Usarle non è peccato. Mio marito ha superato lo shock e tollera che la piccola alterni al cucchiaino qualche boccone preso con le dita. Una fila di pezzetti di pane da maneggiare e assaporare possono regalare agli altri commensali una pace impagabile. Viva le bocche sporche di sugo! E se la tovaglia si macchia, c'è la lavatrice.*
Che cosa si mangia a tavola	*Fino all'anno, passati preparati in serie. Dopo, una lenta introduzione di nuovi sapori. A volte, io e mio marito mangiamo di nascosto, per non invogliarlo ad assaggiare cose che potrebbero fargli male.*	*Mangiamo tutti molti più cibi. Marito e figli si sono arresi alla mia decisione di variare le pietanze. Nonostante le lamentele, tutti assaggiano, compresa la piccola. A volte, mi chiedono: «Perché non cucini normale?».* ▶

	Primo figlio	Quarta figlia
Posti a tavola	Il piccolo è sul seggiolone. Io di spalle a mio marito, tutta protesa verso il bambino. Mio marito legge le etichette dell'acqua. Il giornale non è ammesso a tavola.	La piccola è a capotavola sul suo trono, con il resto della famiglia. Io sono seduta di fianco a mio marito e qualche volta riesco anche a rivolgergli la parola.
Tovaglia	Noi con una tovaglia immacolata. Lui sul tavolino del seggiolone, con il bicchiere con il tappo.	Tovaglia per tutti, e per lei una bella tovaglietta di plastica, dove tutti gli schizzi vanno via con un colpo di spugna.
Atmosfera	Un'interminabile procedura per la sopravvivenza. Perché non posso allattarlo fino a quando è maggiorenne?	Una caotica e frizzante riunione di famiglia, dove tutti hanno sempre troppe cose da dire, anche chi non sa ancora parlare.
Tempo di permanenza a tavola dall'anno in poi	50 minuti. Tutto il tempo che stiamo seduti. Il piccolo scende e va in giro, lo richiamiamo e torna. Se ha qualcosa nel piatto, non dovrebbe scendere, ma lo fa. Allora, lo riprendo, mangia un cucchiaio e ricomincia. Mi alzo in media dieci volte per recuperarlo.	15 minuti. A volte di più, a volte di meno. Dipende dal menù e da cosa succede a tavola. I bambini possono alzarsi quando hanno mangiato tutto, non prima, piccolina compresa. Da quando abbiamo scoperto di riuscire a far rispettare questa regola, ce la facciamo.

	Primo figlio	*Quarta figlia*
Tv	*In cucina non l'abbiamo. A volte, per farlo mangiare, ho acceso qualcosa che si muovesse o facesse rumore: carillon, aspirapolvere, frullatore. Mio marito si è rifiutato di prendermi il phon che gli piace tanto.*	*Giuro che nei picchi di caos penso ai vantaggi di un religioso silenzio di fronte a un cartone animato. Potrei mettere nel piatto qualunque cosa senza sentire proteste. Poi mio marito mi legge nel pensiero e la tentazione passa.*
Frase da tenere nel cuore	*Anche oggi ha mangiato senza strozzarsi.*	*Chi non mangia, mangiò o mangerà! (grazie tata Lucia di* Sos Tata*)*

♂ Come la vede lui

Non avrei mai immaginato che il passaggio dal latte alle pappe ci avrebbe messi in difficoltà. Non pensavo che mangiare da un cucchiaino e non più dal tuo capezzolo avrebbe comportato schizzi in tutte le direzioni, con una preferenza particolare per i miei maglioni e la tua camicia.

Tu fai gli aeroplanini con il cucchiaio, lui tuffa le mani nel piatto e con le dita disegna splendidi ghirigori nel cibo. E poi, i frullatori e le centrifughe perennemente in funzione. E ogni volta che usciamo, le borse termiche sempre al seguito, i barattoli pieni di roba verde e gialla, i seggiolini da montare sul tavolo... Diciamocelo chiaramente: io la tua pazienza non ce l'ho e nemmeno voglio averla. Mangiare è un gesto naturale. Uno ha fame e si nutre.

Quindi, mi domando a che cosa servano tutti i teatrini in cui ti trasformi in un misto tra Mary Poppins, tata Lucia e nonna Carlotta: insomma, diventi tre donne in una. E ogni pasto è fatto di una lunghissima serie di cucchiaini che cadono per terra, canzoncine e filastrocche, spruzzi e gorgheggi. Ai miei tempi, per quel che ricordo, ci si sedeva a tavola, si svuotava il piatto e poi ciascuno riprendeva la propria attività.

Quando te lo faccio notare, tu ti metti a ridere e mi rispondi: «Ma che cosa stai dicendo? Lo sai che prima dei tre anni non si ricorda nulla? Non puoi sapere come ti abbiano svezzato, né come andassero le cose a casa tua».

In effetti, forse non lo so. Ma se penso ai miei, immagino che non abbiano fatto tanti convenevoli. Il cucchiaino passava dal piatto alla mia bocca qualche decina di volte, finché non finivo tutto. Scommetto anche che in giro non si vedeva nemmeno uno schizzo sul tavolo o sulla camicia di mio padre.

«Appunto,» rispondi tu «infatti adesso sei un papà rigido che preferirebbe nutrire il suo bambino con una flebo, piuttosto che vedere una goccia di pappa sul pavimento della cucina».

E subito dopo avermi messo al tappeto, cominci a cantare *Centocinquanta, la gallina canta*. Intanto, imitando l'elicottero, infili il passato in bocca al nostro pupo sorridente, che ingoia vorace. E poi, ne sputa qualche goccia, che atterra sul colletto della tua camicia. Tu prendi un tovagliolo di carta, pulisci e ricominci daccapo.

Da qualche mese il piccolo mangia tutto, ma proprio tutto. Nel suo piatto finiscono pezzettini di carne e maccheroni al pomodoro, patate al forno e zucchine lesse, minestrone e risotto allo zafferano. Ormai, chi ci vede a tavola dice che siamo diventati una vera famiglia, con uno stile e abitudini proprie, riti e vizi.

Quando esco dal lavoro per tornare a casa, la mia mente vola già al momento in cui saremo tutti insieme intorno al tavolo. Io e te uno di fronte all'altra e il pupo in alto, sul seggiolone, come un re. Appunto: un sovrano che intorno al piatto fa prove di potere e di forza, per capire chi comanda in casa.

È cominciato tutto con qualche «No, chetto non lo maggio, chetto non lo voio» e hai sempre cercato di convincerlo con voce smielata ad assaggiare quello che avevi preparato. Ti ho vista, a volte, rinunciare e dargliela vinta.

Una sera, in camera da letto, ti ho chiesto se potevo occuparmi io delle regole a tavola. Sei stata felice della proposta. Mi hai risposto che fai fatica ad accettare che si alzi senza aver finito tutto. Eppure, chiunque guardi il faccione tondo di nostro figlio penserebbe che la denutrizione sia l'ultimo dei suoi problemi. Mi hai spiegato che non è una reazione razionale. Quando non mangia, lo senti nelle viscere e faresti follie per assicurarti di averlo nutrito come si deve, con cibi sani e allo stesso tempo gustosi. Per questo gli crei piccole composizioni nel piatto con verdure e spicchi di frutta. Con incentivi simili, speri di educarlo a essere un onnivoro appassionato di ogni alimento.

«Mi hanno fregata le patatine e la cotoletta della nonna» hai detto qualche settimana fa. «Chi riesce più a fargli mangiare carote e zucchine, dopo quei cibi saporiti che lo hanno incantato?».

Ora, da quando ti ho detto che ci avrei pensato io, devi preoccuparti solo di preparare da mangiare. Fargli svuotare il piatto è compito mio. Abbiamo anche cambiato la disposizione a tavola. Lui sta da un lato, io a capotavola, tu accanto a me e di fronte al pupo. In questo modo, sono io che eventualmente gli passo il cucchiaio se cade, gli do qualche pezzetto di pane e gli verso l'acqua. Lui continua a protestare, di tanto in tanto, ma gli rispondo sempre con voce ferma che non ci si alza finché il piatto non è vuoto, «come fa papà» aggiungo.

Mio figlio mi guarda, vede che pulisco bene il fondo, magari facendo anche la scarpetta. Anzi, credo proprio che sia diventato un rito tra noi due, che lo motiva a mangiare con molta più rapidità e passione. Quando è a metà, gli preparo tre pezzetti di pane e gli dico: «Con questi puoi fare la scarpetta quando hai finito tutto».

Allora accelera per fare quello che faccio io.

L'altra sera mi hai detto: «Per fortuna che esistono i papà. Se dovessi farlo mangiare senza di te, so già che affogherei nell'ansia, come mia madre, che mi rincorreva con la forchetta per tutta la casa e mi infilava i pezzetti di carne in gola. Meno male che vi hanno inventati».

Sono andato in sala e mi sono concesso un bel cioccolatino. Bravi e golosi... così sono i padri. E ti ho dato un bacio.

♀♂ La sfida

Che si tratti di allattare o dare la pappa, nutrire un bambino è un gesto fondamentale per la sua sopravvivenza. Lo sa bene la madre, che a questa occupazione dedica gran parte del tempo e delle energie nelle prime settimane. Lo sa bene anche il papà, perché, se il piccolo ha problemi alimentari, l'intero sistema familiare entra in crisi. Si moltiplica l'ansia, e crescono le richieste di aiuto al pediatra e a chiunque possa trovare una risposta al quesito dei quesiti: perché non mangia e non aumenta di peso?

È un compito faticoso anche perché gli adulti devono adattarsi ai ritmi del nuovo arrivato, che inizialmente non sono regolari: il pupo, infatti, deve ancora scoprirli, dopo i nove mesi trascorsi nella calda e umida sicurezza del liquido amniotico.

Il segreto è avere tempo e pazienza in abbondanza, oltre che energia. La donna, almeno all'inizio, è ancora provata dalla fatica del parto e, a volte, disorientata da sensazioni di nostalgia e tristezza (il cosiddetto "*baby blues*"). Diviene fondamentale, allora, il ruolo del padre, che con la sua presenza puntuale e rassicurante offre alla compagna un appiglio per recuperare l'equilibrio e trasmettere a sua volta sicurezza al bambino. Questo triangolo deve funzionare bene anche nella fase dello svezzamento, in cui si comincia a rinunciare al latte in favore delle pappe.

Il passaggio è segnato da molti cambiamenti emotivi, relazionali e affettivi. A far mangiare il piccolo, per esempio, può essere una persona diversa dalla mamma.

Per lei, è il momento di iniziare una progressiva separazione dal suo cucciolo. Nutrirlo con un cucchiaino invece che dal capezzolo, oppure tenerlo in braccio mentre gli dà il biberon la aiuta ad accettare che ora lui può farcela anche senza la sua protezione costante e vigile.

Per il bambino, stare seduto sul seggiolone, mangiare con le mani, sporcandole di cibo, è una grande rivoluzione. Con lo svezzamento inizia ad allentare la simbiosi in cui condivide tutto con la madre, a partire dal corpo, e sperimenta i primi, seppur limitati, momenti di autonomia.

Per molte è fonte di grande ansia. La difficoltà

sta non solo nel preparare le pappe (spesso indicate dal pediatra con schede dettagliate), ma anche nell'instaurare un nuovo metodo e nel predisporre l'ambiente.

Il piccolo mangia seduto e con il cucchiaio. Bisogna interagire su un livello non più soltanto corporeo, ma anche verbale. Occorre incoraggiarlo a scoprire nuovi sapori sia offrendoli, sia inventando rituali e giochi che invoglino entrambi a stare a tavola insieme, con tranquillità, serenità e sostegno reciproco. Tutti questi compiti possono rivelarsi troppo impegnativi per una sola persona.

Spesso si sentono dire frasi come: «Quando si avvicina l'ora della pappa, mi sento morire» o «Farlo mangiare è come scendere in guerra», che rivelano un senso di paura e inadeguatezza. Mamma e figlio, allora, possono restare intrappolati in uno schema disfunzionale, che non giova a nessuno e carica il momento del pasto di emozioni controproducenti. Alcune temono che i nuovi alimenti non siano buoni e nutrienti quanto il latte materno, che per la loro consistenza siano difficili da deglutire o rischino di soffocare il bimbo.

A volte, invece, è la rabbia l'emozione più visibile, soprattutto quando si allatta. Durante i mesi di dedizione totale, ci si può sentire svuotate, isolate, sconnesse rispetto alla vita precedente. Si è obbligate a turni interminabili di poppate e cambi del pannolino, e non si trova il tempo nemmeno per telefonare a un'amica. Quando lo stress sembra prendere il sopravvento, si può arrivare a considerare il bambino alla stregua di un vampiro, in grado di cannibalizzare ogni secondo di libertà e ogni guizzo di energia.

La rabbia, in particolare, può esplodere in momenti specifici, quando si è estremamente affaticati, magari assonnati, mentre il piccolo continua a piangere e non vuole saperne di dormire oppure di mangiare.

Quando scoppiamo, solitamente significa che abbiamo superato la soglia di tolleranza allo stress e abbiamo bisogno di una pausa, di affidare per un po' il neonato a qualcun altro e dedicarci a noi stessi, magari recuperando il sonno perso e un po' di tranquillità ed equilibrio interiore.

Se durante lo svezzamento vostro figlio si oppone alle pappe con forza e vi sentite travolti da una grande irritazione, è bene "staccare la spina" per un momento, facendo appello al compagno oppure a qualcuno di famiglia. Potete anche chiedere a una figura amica di essere presente durante il pranzo o la cena, per distendere l'atmosfera e far rilassare la piccola peste.

La madri spesso sono disposte a tutto per far mangiare il bambino: rincorrerlo con il cucchiaino colmo, mentre fugge per la casa, cambiare menù anche tre volte in un pasto, accondiscendere a ogni richiesta culinaria.

I papà, in genere, sono meno tesi, più attenti al contesto, che a quello che c'è nel piatto o nella bocca del piccolo.

Tra i due partner, allora, può nascere una valida cooperazione per aiutare il bambino ad acquisire uno stile alimentare adeguato, in cui il cibo è tanto importante quanto il modo di mangiare, di stare a tavola e di interagire con gli altri commensali. Se l'una si preoccupa della qualità del cibo (lo fa sin dal primo giorno), l'altro può presidiare meglio e con più efficacia le buone maniere.

Tra i due e i tre anni, in particolare, il padre è importante per far rispettare le regole e le prassi di convivenza della famiglia. Sta a lui fare in modo che il nuovo arrivato tolleri poche ma necessarie limitazioni, evitando che il pranzo e la cena si trasformino in battaglie.

Quando questo intricato modello cooperativo funziona bene, tutti vivono il momento della tavola come una pausa dedicata alle relazioni, una parentesi quotidiana insostituibile, che appaga e regala a mamme e papà la sensazione di saper svolgere bene il proprio ruolo.

E quando il pediatra, dopo la visita, dichiara soddisfatto: «È splendido, e cresce perfettamente», per ogni genitore è motivo di gioia profonda, che gli fa dire ad alta voce: «Sì, siamo soddisfatti di noi stessi, del nostro pargolo, di come stanno andando le cose».

IL FILM DA VEDERE

—

TATA MATILDA

di Kirk Jones,
commedia, Regno Unito, 2005, 97 minuti

—

Un padre vedovo si ritrova alle prese con sette bambini tutt'altro che disposti ad accettare una tata. Riescono a terrorizzarne ben 17, ma infine ne arriva una davvero speciale, tanto brutta quanto capace di contenere l'esuberanza dei piccoli monelli.
Il film mostra una serie di situazioni che mettono in difficoltà gli adulti, costringendoli a dare prova di polso e autorevolezza.
Tata Matilda è un modello fantastico a cui ispirarsi per qualsiasi genitore, peccato non poter disporre anche dei suoi poteri magici. È la prova che, in alcuni casi, la fermezza è il miglior regalo che si possa fare a un figlio, per aiutarlo a tirare fuori il meglio di sé.

Spunti di riflessione
Riflettete da soli sulle domande, poi programmate un momento di calma in cui confrontare

le rispettive osservazioni, magari organizzando una bella cena a due una volta che il pupo si sarà addormentato.

- In quali atteggiamenti della tata vi identificate di più? In quali di meno?
- Pensate a un episodio in cui il vostro compagno ha gestito con autorevolezza una situazione di crisi con il bambino. Come ha reagito il piccolo? Che cosa avete provato voi?
- Pensate a una situazione in cui non siete riusciti a essere fermi e autorevoli: quali sono state le conseguenze? Come avrebbe potuto aiutarvi l'altro?
- Quali sono le cinque regole che vorreste fissare per rendere più piacevole per tutti il momento dei pasti?

Le cinque regole di Tata Matilda

Riportiamo di seguito le cinque regole che Tata Matilda insegna ai bambini. Ci sembrano un'ottima guida per accompagnare l'intero percorso di crescita:

1. smettere di litigare e chiedere scusa;
2. condividere le cose con gentilezza;
3. aiutarsi a vicenda;
4. essere coraggiosi;
5. avere fede.

♀ Nella mente delle donne

L'allattamento, per la mamma e per il bambino, è un'esperienza molto piacevole. Il contatto fisico prolungato, più volte al giorno, rinforza il legame e stimola la produzione di ormoni che appagano i bisogni affettivi della madre. Di conseguenza, si può non sentire la voglia di fare l'amore con il partner. Per gli uomini non è una buona notizia, ma conoscere il motivo della momentanea assenza di desiderio della compagna può aiutarli a comprenderla e a vivere con maggiore serenità questa fase.

Alcuni ricercatori americani hanno condotto un esperimento su alcune femmine di ratto: premendo un bottone, gli animali avrebbero ricevuto una dose di cocaina, mentre pigiandone un altro, un loro piccolo sarebbe arrivato per prendere il latte. Nella maggior parte dei casi, sceglievano l'allattamento. Non sappiamo quanto il risultato sia valido per la specie umana, ma certo sottolinea fino a che punto il comportamento, utile al mantenimento della specie, sia radicato negli esseri viventi.

In alcuni casi, però, allattare può essere poco gradevole per la donna. C'è chi affronta con fatica il compito, per diversi motivi, tra cui il tipo di cura che ha ricevuto da piccola. Il modo di accudire un bambino viene tramandato di madre in figlia e può condizionare la disposizione verso il neonato. Le relazioni affettive sperimentate nei primi anni di vita e un legame stabile con il partner, tuttavia, possono aiutare a scrivere un nuovo copione. I papà devono essere attenti a cogliere i segnali di disagio o stress della compagna e sostenerla.

L'amore per la prole è permanente nella mente materna. Le infinite interazioni con il piccolo generano una produzione costante di dopamina, che induce benessere e piacere, e l'attaccamento si rinforza. L'allattamento, al seno o, se non è possibile, con il biberon, scrive una storia d'amore unica e speciale.

Ogni forma di separazione, per esempio durante lo svezzamento, genera nel cervello femminile una crisi di astinenza, un senso di vuoto fisico che provoca malessere, come accade a un fumatore che improvvisamente abbia finito le sigarette. La ripresa del lavoro e l'affidamento del figlio a qualcun altro sono per entrambi passaggi molto delicati.

Per il bambino, lo svezzamento fa da spartiacque tra la totale dipendenza dalla madre e la possibilità che terzi lo nutrano e si prendano cura di lui. Sostenerlo è importante. Motivarlo a esplorare nuovi cibi, gioire nel vederlo mangiare con persone diverse, che si occupano di lui, presentargli la sostituzione del latte con la pappa, almeno per alcuni pasti, sotto una luce positiva rinforzano la sua propensione a sperimentare il cambiamento.

Se, al contrario, non si è serene e si vive il passaggio come una perdita o una privazione per sé e per lui, possono nascere problemi. Il rifiuto del cibo da parte *del bambino assume quasi il significato di una prova d'amore, generando una fase di stallo faticosa per tutti. Lo stress ha forti ripercussioni sul benessere della prole. La donna, per tranquillizzarsi, ha bisogno di poter contare su un aiuto costante. Non deve sentirsi sola, è necessario che sappia di potersi appoggiare a qualcuno. Solo così abbasserà la guardia, il radar che intercetta pericoli e la tiene all'erta si placherà. L'intesa con il padre è una fonte di sicurezza cruciale. L'integrazione tra il cervello materno e quello paterno è un'ottima garanzia per affrontare serenamente la crescita dei figli e ogni passo verso l'autonomia.*

Il momento della tavola, quando il piccolo inizia a mangiare da solo gli stessi cibi degli adulti, si carica di nuovi significati. È un'occasione perfetta per il dialogo e per condividere un momento piacevole. L'intesa di coppia sul rispetto e sull'applicazione di alcune regole fondamentali è basilare: quanto tempo si sta seduti? Che cosa si mangia? Come si affrontano i capricci?

Una preoccupazione classica delle mamme, infatti, è che il pargolo non mangi abbastanza, che il latte non sia nutriente come dovrebbe o che la pappa sia insufficiente. Sanno che il cibo è ciò che permette la sopravvivenza e la crescita. Esserne dispensatrici le fa sentire necessarie e potenti, ma al tempo stesso investite di una responsabilità che trasforma tutto in una questione di vita o di morte. Del resto, la domanda che si sentono porre più spesso da chiunque è: «Ti mangia il bambino?» (come se fosse un cannibale), e loro stes-

se, quando vanno a prenderlo al nido o alla scuola materna, chiedono alla maestra: «Ha mangiato»? Per questo molto spesso acconsentono a qualunque strategia, pur di far assumere al bimbo recalcitrante almeno il minimo sindacale. Il momento della tavola si trasforma, allora, nella conta dei cucchiaini da somministrare per dichiararsi soddisfatte. Assecondare l'ansia spinge a derive quali rincorrere il bambino per casa con il cucchiaio in mano, farlo mangiare davanti alla TV accesa, interrompere qualsiasi conversazione con gli altri commensali per intrattenerlo, allo scopo di fargli aprire la bocca, ecc.

Un padre sicuro e competente può aiutare la compagna a tranquillizzarsi e a far comprendere con chiarezza al piccolo quale comportamento ci si aspetta da lui durante i pasti. Per ottenere questo risultato, è fondamentale che i genitori abbiano le idee molto chiare.

Fermezza e tranquillità sono gli ingredienti più importanti per educare al piacere di vivere insieme il momento del pranzo e della cena. Poche regole e ben precise, tenendo presente che i nostri figli non rischiano di morire di fame, quanto piuttosto di crescere con una scarsa attitudine a una sana alimentazione.

♂ Nella mente degli uomini

Mentre la questione del cibo genera ansia nelle donne, gli uomini sono molto meno preoccupati. Perciò spesso vivono con insofferenza l'apprensione delle compagne. «Avrà mangiato a sufficienza? Il mio latte sarà abbastanza nutriente? E se poi non cresce come dovrebbe?»: in molti casi, si sentono ripetere le stesse domande più volte al giorno e non comprendono perché ci si debba preoccupare tanto di un'azione così naturale e spontanea.

La simbiosi tra madre e figlio nei primi mesi di vita può essere così intensa che rischia di diventare una fonte di angoscia cronica anche per l'uomo. Il pericolo è alto soprattutto se la donna collega il legame alla costante offerta di cibo, per esempio se attacca sistematicamente il neonato al seno ogni volta che piange. Lo stesso meccanismo può reiterarsi anche nei periodi successivi, durante e dopo lo svezzamento, se il bambino manifesta un disagio e lei cerca di calmarlo offrendogli cibo.

Il papà che assiste a scene simili può sentirsi un intruso, inadeguato o escluso dall'unità madre-figlio. Se nei primi mesi, per esempio, la compagna ha sempre il piccolo in braccio e gli offre costantemente il seno, crea a livello inconscio una barriera tra loro e il padre. Inoltre, il corpo che quest'ultimo ricerca anche nell'intimità sessuale è sempre disponibile per il nuovo arrivato e i suoi bisogni alimentari, ma diventa inaccessibile a lui per le proprie fantasie erotiche e per vivere un'intimità di coppia intensa e appagante.

Per molti genitori alle prime armi, la nascita, la preoccupazione materna, l'allattamento (spesso continuo e sfibrante) diventano, a volte, seri fattori di rischio per la tenuta della relazione. Essere consapevoli delle difficoltà, imparare a parlarne è fondamentale per mantenere la qualità del rapporto.

Molte donne, dopo il parto, vedono il proprio fisico soltanto in funzione del bambino. Almeno all'inizio, può essere giusto, oltre che naturale, ma è fondamentale che entro il terzo mese la sessualità di coppia si sia riavviata e si ritrovi un'intesa anche come partner intimi, laddove non esistono controindicazioni particolari.

Spetta soprattutto agli uomini aiutare la compagna a sentire che il suo corpo non è semplicemente un distributore di cibo, ma anche l'espressione di un'identità di donna adulta, che costruisce e mantiene un legame appagante con lui. Dovrà risvegliare il suo potenziale erotico, relazionale e amoroso, farla sentire bella e desiderabile, nonostante i chili in più rimasti dopo la gravidanza e il poco tempo per curarsi.

Vestirsi bene e truccarsi un po' fornisce alla neomamma un forte stimolo per riappropriarsi della sua femminilità, senza nasconderla o addirittura soffocarla sotto la veste di madre-nutrice, che in questa fase è predominante.

♀ I consigli di mamma a papà

- *Quando sentite che il livello di stress sta superando la soglia del sopportabile, se la casa è avvolta nella semioscurità, se non ci vedete sorridere, se non facciamo altro che allattare dalla mattina alla sera... fate qualcosa per portare un po' di leggerezza: ordinate una pizza a domicilio, spalancate le finestre, alzate le tapparelle, mettete musica allegra, ordinateci di uscire a prendere un po' d'aria.*

- *Se siamo in ansia perché i bambini non mangiano, intrappolate in mille riti per far entrare qualcosa in quelle boccucce, disposte ad accettare qualsiasi compromesso, in balia dei piccoli tiranni, tirate fuori i vostri superpoteri e urlate «STOP! Se non mangia, mangiò o mangerà!».*
- *Ripeteteci tutte le sere che restiamo mamme presenti e amorevoli anche quando non allattiamo più il nostro tesoro e abbiamo ripreso a lavorare.*
- *Evitate di dire che la minestra non vi piace e che preferireste la cotoletta alla milanese con le patatine. Se volete diventare i nostri eroi ed evitare dolorosi calci sotto il tavolo, fingete mugolii di piacere ogni volta che serviamo un alimento sano preparato con tanta fatica. Con noi guadagnerete salute e buchi della cintura.*
- *Vi prego, credeteci, è impossibile spiegare a un marmocchio che non ha il diritto di cenare guardando la TV, mentre voi sì. La sua mente ha bisogno di regole chiare e coerenti: se la televisione deve restare spenta, deve restarlo per tutti. È vero, voi vi siete alzati alle 6 e avete lavorato tutto il giorno. Per questo siete i nostri eroi!*

♂ I consigli di papà a mamma

- Se allattate, ne siamo felici. Se non riuscite a farlo, ci dispiace per il bambino e anche per voi, che lo volevate tanto. Ma non è una tragedia. Anzi, vi aiuteremo con biberon e latte artificiale. Anche di notte. C'è un lato positivo, nonostante tutto.
- Lo diceva la nonna, lo diceva la zia, lo conferma anche Tata Lucia: se non mangia, mangerà. In Italia, non si registrano neonati morti di fame da diversi decenni. È bene pensare che il nostro pupillo non sarà il primo. Quindi possiamo stare tranquilli, anche se non ha finito tutto il latte che c'è nel biberon o la pappa che gli avete messo nel piatto.
- È vero, ha bisogno di verdure e pappe di tutti i colori. Ma noi uomini siamo carnivori. Nella preistoria catturavamo belve feroci e le portavamo a casa per cuocerle sul fuoco. Di tanto in tanto, perciò, anche se c'è un lattante da svezzare, a noi piacerebbe ricordare che sapore ha una buona fiorentina.
- Rincorrerlo per casa cantandogli «Mangia piccolino, mangia dal cucchiaino» non gli farà aumentare l'appetito. E rende noi papà parecchio nervosi.
- A tavola, se diamo qualche regola su come si mangia e si sta seduti, lasciateci fare. Magari si ribellerà, ma sappiamo gestire i suoi capricci.

CAPITOLO 6

Lettone sì, lettone no

♂ Come la vede lui

È la grande notte. Abbiamo deciso che nostro figlio d'ora in poi dormirà in un posto, e uno solo: il lettino nella sua stanza. In realtà, dovrebbe essere così già da qualche mese, ovvero da quando, con lo svezzamento, sono diminuite le poppate notturne e ora non ne avrebbe neanche più bisogno.

Però succede che, intorno a mezzanotte, pianga un po': un pianto da poco, che a volte si trascina con qualche lamento, altre, invece, esplode in un fiume di lacrime d'ira. Allora, spesso ci alziamo, andiamo da lui, a turno, lo prendiamo in braccio e poi lo rimettiamo giù, finché non si addormenta. A seguire, c'è la poppata delle 3. Infine, può capitare che si svegli di nuovo alle 6. Ancora una volta, gli facciamo riprendere sonno. Inutile dirlo: questo tran tran ci costa più che l'IVA al 22%.

Ci sono notti in cui daremmo tutto quello che abbiamo per continuare a dormire. Magari fa freddo, durante il giorno ce ne sono successe di tutti i colori e, una volta poggiata la testa sul cuscino, non siamo stati colti dal sonno, ma dal coma. Perciò, quel piagnucolio della mezzanotte che interrompe il primo, piacevole, incontro con Morfeo è peggio di un pugno di Mike Tyson in pieno viso. E allora, prendiamo il pupo, lo mettiamo nel lettone e, magia delle magie, tace immediatamente e si addormenta alla velocità della luce.

Solo che alle comodità ci si abitua in fretta. È un po' come soggiornare in un hotel a quattro stelle, dopo aver trascorso tutta la giovinezza in giro per campeggi: fai fatica a tornare indietro. E adesso, il bambino dorme più spesso nel lettone che nella stanza accanto, complice anche un fastidioso raffreddore che per tre notti non ci ha fatto chiudere occhio: stravolti dalla stanchezza, alla fine abbiamo ceduto e lo abbiamo sistemato in mezzo a noi, dove il piccolo re si è subito trovato a proprio agio. Dalla notte dopo, ha intensificato le proteste quando lo mettevamo nel lettino. In conclusione, ci siamo trovati intrappolati in una gabbia che ci siamo costruiti da soli.

Perciò, la settimana scorsa ti ho proposto: «Approfittiamo del ponte del 1 novembre (quest'anno la festa cade di giovedì, regalandomi ben quattro giorni di riposo) per rieducarlo una volta per tutte a stare in camera sua. Dalla sera del 31 ottobre, mi metto d'impegno. Se piange, vado in camera sua e non lo porto nel lettone. Tu, invece, rimani nella nostra stanza e non ti muovi».

Sorridendo, hai risposto: «Dubito che il principino si lasci convincere tanto facilmente... e poi, forse non è nemmeno pronto per il grande salto. Proprio in questi giorni ho letto un articolo sui vantaggi del *cosleeping*. A quanto pare, i bambini che dormono con i genitori diventano più sensibili e competenti sul piano emotivo». Lasciatelo dire: se c'è una cosa che non mi piace molto di te è che leggi sempre, soprattutto quello che non ci serve in un momento specifico. A me non interessa conoscere i vantaggi di condividere tutti lo stesso giaciglio. Desidero ardentemente il *monosleeping*. Voglio godermi il materasso in tutta la sua larghezza, senza dover rimanere sul bordo per non soffocare il pupo, che chiaramente si dispone in orizzontale (come a volerci separare ancora di più). Ho bisogno di addormentarmi abbracciato a te, di fare l'amore senza troppe ansie (e se si sveglia? E se ci sente? Potrebbe restare traumatizzato?). Insomma, i vantaggi del *cosleeping* per lui sarebbero a scapito delle mie esigenze, e credo che a un figlio convenga avere a fianco un papà sereno, riposato e tranquillo, anziché stanco, arrabbiato e nervoso fin dal mattino.

Alla fine, hai rinunciato ai vantaggi emotivi di cui hai letto e ti sei arresa: «Se vuoi provarci, fai pure. Se ce la fai in quattro giorni a compiere la missione lettino per il pupo, sarò felice con te».

Oggi è il grande giorno. Inizio dalla mattina a dire al

furbetto che da quella sera la musica cambierà e imparerà a dormire da solo. Lui ricambia con sorrisini, non so se di sfida o di accettazione rassegnata. Ho letto su un libro (ebbene sì, leggo anch'io) che è meglio informarli delle nostre intenzioni, anche se in apparenza non comprendono una sillaba di ciò che diciamo. Proseguo anche la sera, a tavola, mentre, seduto sul seggiolone, fa fuori il piatto di "sbobba" (la chiamo così, la sua pappa superfrullata).

Dopo bagnetto e cambio d'abito, eccoci pronti per andare a nanna. Tu vai in camera nostra, mentre io entro nella cameretta e lo faccio sdraiare. Lui si rialza subito, indica la porta con il dito e fa versi strani: sta cercando di dirmi nella sua lingua che vuole andare nel lettone. Ma io lo faccio stendere di nuovo e gli dico che stasera non se ne parla, si sta qui in cameretta. Piano piano, si lascia prendere dal sonno (in effetti, farlo addormentare la prima volta non è mai troppo difficile), io me ne torno nella stanza dei grandi e mi preparo ad affrontare le prossime battaglie, che probabilmente saranno più ardue.

Passa un'ora ed eccolo pronto al secondo round. Lo sentiamo chiamarci lamentandosi. Lo trovo in piedi con le braccia già protese, come a dirmi: "Prendimi in braccio e portami di là". Invece, lo rimetto in orizzontale, con voce calma ribadisco che stanotte non c'è alcuna possibilità di muoversi di lì. Lo vedo accendersi di rabbia. Adesso per lui non è più un gioco, ma una lotta per capire chi è il più forte. Mi sento pronto alla guerra.

So che devo rimanere tranquillo, continuare a parlargli con calma, rimetterlo giù a ogni tentativo di scendere dal letto. E l'unico gesto di forza sarà appoggiargli con fermezza il palmo della mano sul petto, affinché senta anche attraverso il corpo quanto mi aspetto da lui: che rimanga sdraiato nel lettino. L'incontro/scontro tra noi due dura più di un'ora.

Domani, mi racconterai che è stata una delle ore più lunghe della tua vita. Lo sentivi piangere disperato e avresti fatto di tutto per porre fine alla tortura e consolarlo. Ma io avevo un progetto chiaro in mente: aiutarlo ad attraversare una fatica e una frustrazione per le quali lo sentivo pronto.

A quasi un anno, dopo essere stato allattato, amato, coccolato e protetto, è in grado di capire che in casa c'è uno spazio solo suo, dove lui è se stesso e noi, nell'altra stanza, torniamo a essere una coppia: non più solo mamma e papà, sempre a sua disposizione, ma anche un uomo e una donna. E sapremo sopravvivere all'idea che il bambino sia altrove, separato da mura che ci impediscono di vederlo e di sentire il suo respiro, ma siamo convinti che anche senza il nostro controllo costante continuerà a respirare e a dormire, a vivere e a sognare.

In quei minuti infiniti, il piccolo esaurisce tutto il ciclo della rabbia. Non lo lascio mai solo, continuo a parlargli e a mantenere un contatto con lui attraverso la voce e la mano sul suo corpo. Non condivido, e lo sai bene, il metodo che dice di lasciarli piangere da soli nella stanza finché non smettono. Penso che così si trasmetta soltanto una sensazione concreta di abbandono. Io, invece, voglio fargli sentire il contrario: che sono lì al suo fianco, per aiutarlo a imparare qualcosa che gli permetterà di crescere.

Mentre me lo ripeto, piano piano comincio a sentire che il suo corpo si rilassa sotto la mia mano, che i suoi lamenti cominciano ad affievolirsi. A questo punto, posso smettere di parlargli (per tutto il tempo gli ho ripetuto come un mantra, con voce calma: «Vedrai che ce la faremo insieme, io e te, ad addormentarci nel lettino. Da stasera questo sarà il tuo posto»).

Gli canto una ninna nanna con il CD di sottofondo, e magicamente, dopo 60 minuti di pianto, si addormenta. Torno in camera nostra e ti trovo sveglia, con gli occhi sbarrati. Mi dici: «Se avesse pianto solo un minuto di più, sarei venuta lì e lo avrei rapito».

Ti guardo e ti rispondo soltanto: «Farlo crescere è un duro mestiere e ci deve pur essere qualcuno che se ne faccia carico».

Spegni la luce senza aggiungere nulla. Ribadisco che al prossimo risveglio tornerò di là. Ma tu ribatti: «No, il prossimo è quello della poppata delle 3, quindi me ne occupo io».

Perciò rimaniamo senza parole quando a svegliarci è un raggio di sole filtrato tra le persiane. È mattina, e nostro figlio sta ancora dormendo. Ti precipiti giù dal letto per correre a vedere se è successo qualcosa. E lo trovi che dorme sereno, a pancia in giù.

Un'ora dopo si sveglia, e quando arriviamo al suo capezzale ci sorride e si protende perché vuole venire in braccio a me.

Dalla sera successiva, farlo dormire nel lettino non è più un problema. E non c'è più bisogno neanche della poppata notturna.

♀ Come la vede lei

Arrivi a letto esultante come avessi vinto al lotto. Ti chiedo: «Dorme?».

«Come un angioletto».

«Per forza! Sarà sfinito, a forza piangere!».

«Non gli stavo facendo niente di male: l'ho coccolato tutto il tempo, gli ho parlato, gli ho cantato una ninna nanna...».

«Capirai! Lui voleva essere preso in braccio, voleva venire da me».

«Certo, ma avevamo detto che avremmo provato a farlo restare nel lettino».

«Tu l'avevi detto».

«No, cara, alla fine avevamo trovato un accordo».

«Alla fine ti ho obbedito».

«Vuoi dire che non credi sia giusto dormire tutti tranquilli, ognuno nel proprio letto?».

«Certo, ma non è la fine del mondo se qualche volta stiamo in tre nel lettone, no?».

«Per "qualche volta" intendi sette notti su sette?».

«Una volta, due settimane fa, è rimasto tutta la notte di là».

«Già, mentre io e te facevamo la staffetta. Ti ricordi quante poppate ha fatto?».

«Se aveva fame, che cosa ci potevo fare? E poi, quando lo mettiamo nel lettone riposa sereno».

«Di sicuro più di me. L'altra notte sono stato tre ore senza cuscino e in bilico sul bordo. Adoro dormire con un occhio aperto per evitare di schiacciarlo».

«In effetti, ieri mi sono spaventata anch'io. Mi sono svegliata e ho trovato il bambino sommerso dalle coperte. Gli ho liberato subito il viso, temevo fosse morto soffocato. Era rosso come un peperone».

«Io sarei pronto a dormire in piedi, se fossi convinto che è la cosa giusta per lui. Ma credo che il lettone sia per noi, almeno qui ci ritroviamo e sentiamo di essere una coppia. Nostro figlio non è un alieno. Anche lui deve riposare e la sua camera è un rifugio perfetto».

«Sarà. È che quando lo sento piangere mi si annodano le viscere. Mi agito, sento l'impulso di correre a salvarlo. Prima sarei venuta di là a strappartelo di mano. Non so come ho fatto a trattenermi. Ho paura che abbia sofferto troppo e di non aver fatto niente per aiutarlo...».

«È bello sentirsi valorizzati!».

«Accontentati che ti abbia lasciato fare e che adesso ti parli ancora. Giuro che non avrei sopportato un minuto di più. Ma tu non hai le orecchie? Non senti la pancia contrarsi?».

Ti giri e mi abbracci. So che da un momento all'altro il pupo ricomincerà a piangere, e stavolta non sono disposta ad alcun esperimento. Ho una voglia matta di stringerlo, di fargli sentire che per lui la mamma c'è sempre. Il silenzio continua, e la tensione piano piano mi abbandona. Respiriamo insieme. Appoggio la mia schiena alla tua pancia. È la nostra posizione. Ci addormentiamo così.

Mi risveglio con la luce che filtra dalle persiane. Mi sento come uscita dal coma. Guardo la sveglia: le 8,30. Dove sono? E soprattutto: chi sono? Ci metto un paio di minuti a riprendere coscienza.

«Oddio, hai visto che ore sono?».

Tu apri gli occhi e mi guardi: «No... ma è mattina?».

Ti scavalco e mi precipito nella camera accanto. È così vicina che in un lampo la mia ansia trova risposta. Il nostro tesorino dorme tranquillo, stanotte non si è neppure scoperto. Il mio arrivo non lo sveglia e lo contemplo nella penombra. Forse il pianto di ieri lo ha fatto precipitare in uno stato di incoscienza. Ho la tentazione di prenderlo, ma il suo respiro regolare mi convince a lasciarlo stare.

«Dorme».

«Hai visto che restare nel suo lettino gli ha fatto bene?».

«Speriamo. Vediamo che succede quando si sveglia. Tutto quel piangere deve averlo sfinito».

Ti alzi: «Che cosa dici se ci concediamo una bella colazione?».

In effetti, ho una gran fame: «Sai che faccio? Scendo al volo al panificio a prendere due cornetti. Si capisce che sono in pigiama, o sembra una tuta?».

«Una tuta, vai tranquilla. Tanto sotto il giubbotto non si vede niente. Corri, intanto faccio il caffè. Non credo che questo paradiso durerà a lungo».

Scendo con il mio look da casalinga disperata. Anzi, direi da casalinga e basta, perché non assomiglio certo a Bree Wan de Kamp.

«Buongiorno, com'è in forma stamattina!». La mia panettiera mi fa sempre tanti convenevoli.

«Buongiorno,» rispondo io «mi dà due cornetti con la crema?».

«Certo. Che cosa fa in giro a quest'ora? Il piccolo? Tutto bene?».

«Benissimo. Non ci posso credere, stanotte non si è mai svegliato. È la prima volta che dormo tante ore di fila».

«Ecco perché è così di buon umore».

«Mi sento un leone. È una sensazione strana, dormire senza un'interruzione. Non ho neanche fatto la pipì».

La panettiera mi guarda stupita. «Ho dormito! Vi rendete conto?».

La signora in coda dopo di me mi sorride.

«Giuro! Sa, ho un bambino piccolo ed era quasi un anno che non riposavo tutta la notte».

«Anch'io ne ho uno di otto mesi, non me ne parli!».

«Bisogna essere decisi. Loro lo sentono. Se li metti

nel lettino e fai capire che devono dormire lì, è fatta. Mamma mia, come si sta bene dopo un buon sonno ristoratore. Buona giornata a tutti».

Corro su per le scale. Tu hai preparato la tavola con le tovagliette, hai messo un po' di musica.

«Dorme ancora?».

«Come un pascià. Sono andato a controllare proprio adesso».

«Sicuro che stia bene? Forse l'abbiamo fatto piangere troppo».

«Hai comprato i cornetti?».

«Certo! Eccoli qui. Ho voluto esagerare, li ho presi alla crema».

«Niente integrale con il miele?».

«Strafogati, non so quando ci ricapiterà».

Mangiamo in silenzio. Io sfoglio il giornale di ieri. Scopro che il mondo non è andato in letargo come me.

Dopo un po', sentiamo dei versi familiari. Corro di là. Tu mi segui. Il nostro tesoro è in piedi, aggrappato alle sbarre del lettino. Non mangia da dodici ore ed è vivo. Ci guarda e ride. Ha un viso splendido, e non solo perché è mio figlio. Ha un'espressione rilassata. Lo prendo in braccio e lo stringo.

Tu ti fai largo e dici: «Un po' anche al papà» e lui allunga le braccia perché vuole proprio te.

Sono felice: «Abbiamo avuto una bella idea, eh?».

«Infatti... proprio un'idea che ci è venuta insieme».

Ti guardo e mi sembri bello come non mai. Forse stiamo sognando.

♀♂ La sfida

Spesso mettiamo il neonato a dormire nel lettone perché è piacevole e ci regala una sensazione di grande soddisfazione. Nelle strategie educative definite "ad alto contatto", il cosiddetto *cosleeping* (ovvero, dormire tutti nello stesso letto) è addirittura una pratica consigliata per i primi anni di vita, perché fornisce un tale senso di intimità e protezione, di sicurezza e accoglienza da costituire un'ottima base per affrontare il futuro.

Come genitori e specialisti del settore, non siamo dello stesso parere, pur ammettendone alcuni vantaggi. Il bambino può imparare velocemente a dormire in un proprio spazio. Gli permetterà di sentirsi capace non solo di fusione e simbiosi con la mamma (come avviene nell'allattamento), ma anche di autonomia (per esempio, quando si addormenta da solo nel suo letto). In generale, consigliamo ai genitori di aiutarlo a familiarizzare con un posto per la notte, differente dal lettone. Può essere dapprima una culla accanto a voi, e, verso la fine del primo semestre, un lettino in un'altra stanza.

Se ha frequenti risvegli notturni, che vi obbligano a *tour de force* troppo impegnativi, tuttavia, va tutelato in primo luogo il benessere emotivo e il bisogno di riposo di tutti. Solo in questo caso, e per i primi tre mesi, potete tenere il piccolo nel vostro letto. Se vi sentite troppo stanchi durante il giorno, risentirete spaventosamente della carenza di sonno, compromettendo la costruzione di un buon rapporto con il bambino.

Dopo i primi tre mesi, però, è importante distinguere il suo spazio dal vostro. Consentirà a voi di riappropriarvi di un luogo dove tornare a sentirvi un uomo e una donna, e a lui di imparare a percepirsi come individuo separato dai genitori, sebbene dipenda da loro in tutto e per tutto. Inizierà a sperimentarsi come soggetto a sé, e non solo come una protesi dei corpi del padre e della madre, incapace di sopravvivere senza la loro protezione e cura.

I risvegli notturni frequenti costituiscono una fatica immane e per alcuni sono un vero e proprio incubo, che a volte fa prendere la decisione di non avere altri figli, dopo il primo. Spesso sono i papà a manifestare più insofferenza, per numerosi motivi, primo fra tutti l'obbligo, al mattino, di svegliarsi e andare al lavoro. Di conseguenza, anche le compagne rischiano di essere travolte dall'ansia davanti a un pianto, perché sanno che il sonno del partner sarà disturbato.

Se il bambino piange spesso di notte, anche dopo il primo trimestre, le coppie, di solito, ricorrono a una delle seguenti strategie:

1. lo portano nel lettone, per calmarlo senza doversi alzare;
2. il padre si sposta in un'altra stanza, per isolarsi dai rumori. In questo modo, la mamma può occuparsi

del problema e il compagno godrà di un sonno indisturbato senza portarsi al lavoro le conseguenze di una notte insonne.

Il rischio è che simili provvedimenti diventino la norma. Magari pensiamo di adottarli per qualche notte perché abbiamo un disperato bisogno di sonno, ma poi tutti si abituano molto in fretta. E non è raro, negli anni successivi, dover ricorrere a uno specialista perché il bambino non vuole più saperne di dormire in un altro letto. Ma soprattutto, in entrambe le soluzioni, i due partner sono separati fisicamente.

Trovare un equilibrio tra le esigenze del neonato e quelle di coppia è una sfida enorme, soprattutto per chi diventa genitore per la prima volta. Le librerie pullulano di manuali che forniscono metodi per far addormentare il pargolo e riconquistare la pace notturna, ma questo obiettivo è spesso il risultato di un percorso in cui gli adulti imparano progressivamente a sintonizzare e sincronizzare i bisogni del figlio con i propri.

In linea di massima, sappiate che un neonato riposa in modo molto diverso da voi: ha frequenti microrisvegli durante la notte, corrispondenti alle fasi di sonno leggero, in cui emette suoni. Non serve che ogni volta corriate a calmarlo, perché non ha un problema e non ha fame, quindi non è necessario attaccarlo al seno per farlo riaddormentare.

Inoltre, è molto importante, nelle prime settimane di vita, fargli sentire che seguite determinati riti, attraverso i quali lo aiutate ad apprendere come ci si addormenta. Dormire, infatti, è un'azione appresa, che dipende da aspetti genetici (ognuno ha una propria predisposizione al sonno e un proprio ritmo di sonno/veglia), combinati con fattori ambientali e comportamentali. Se avete chiaro in mente che il posto della nanna per vostro figlio è il suo lettino, è molto più probabile che si adatti facilmente a questa aspettativa.

Considerate che per ogni bambino il lettino è la sua "casa della nanna". Perché sia accogliente, bisogna dotarla di accessori che la rendano riconoscibile e sempre uguale. Può essere utile metterci una maglietta che la mamma ha indossato nell'ultimo giorno, affinché il suo profumo accompagni il riposo del piccolo.

Fin dai primi giorni potete anche abituarlo ad addormentarsi con un sottofondo musicale lento e suadente. Non cambiate stimolo, riproponetegli sempre lo stesso schema: parte la musica, lo cullate un po', lo stendete nel lettino, gli mettete vicino la maglia con l'odore materno, rimanete nei paraggi per qualche minuto, perché senta che chi lo protegge è vicino. Ripetete per più sere i medesimi gesti, con calma e regolarità, e vedrete che, in molti casi, farlo dormire nel suo giaciglio risulterà molto più facile del previsto.

IL FILM DA VEDERE

—

AMERICAN LIFE

di Sam Mendes,
commedia, Usa-Gran Bretagna 2009, 98 minuti

—

Burt e Verona sono due trentenni in attesa del loro primogenito. Decidono di intraprendere un lungo viaggio per andare a trovare vecchi amici, per condividere con loro la gioia dell'attesa e magari imparare qualcosa da chi ha già vissuto l'esperienza.
Incontreranno personaggi molto diversi e, soprattutto, impareranno a loro spese che sentirsi pronti ad accogliere un figlio è una conquista interiore, che si raggiunge facendo i conti con la propria storia personale e accettando di essere imperfetti come tutti.
Alcuni passaggi del film sono molto divertenti, e vederlo in coppia sarà stimolante.
A proposito di dormire tutti insieme o in spazi separati, le sequenze in cui i futuri genitori incontrano la famiglia che ha deciso di crescere i figli con una filosofia new age e ad alto contatto fisico sono esilaranti.

Spunti di riflessione

- Quali personaggi vi hanno colpiti di più? E perché?
- Che cosa avete imparato dai diversi incontri dei due protagonisti? Alla luce di quanto avete visto, quali errori vorreste evitare con vostro figlio e con il partner?
- Se poteste progettare un viaggio di coppia alla ricerca di spunti per vivere meglio la genitorialità, dove vorreste andare? Quali sarebbero le tappe? Chi vi piacerebbe incontrare e perché?
- In quale situazione della vostra vita avete appreso qualcosa di molto importante sull'essere genitori?
- Quali regole avete fissato per il momento della nanna? Chi fa più fatica a rispettarle, tra voi due? Quali spunti vi vengono in mente a questo proposito dopo aver visto il film?

♂ Nella mente degli uomini

Gli uomini sono perfetti per far addormentare il bambino. Quest'ultimo, infatti, non sentendo l'odore del latte, intuisce che, a contatto con il corpo paterno, può fare tutto, tranne nutrirsi. È un grande vantaggio, perché, se nell'ambiente risuona una musica dolce e rilassante, se la stanza è in penombra o addirittura buia e se l'abbraccio che culla è forte e sicuro, probabilmente il pupo deciderà che la cosa migliore da fare è abbandonarsi al sonno.

Inoltre, l'uomo, se impara a rimanere calmo quando il pargolo piange (laddove la donna entra subito in allarme), gli offre la possibilità di vivere l'emozione negativa, facendogli capire che è in grado di contenerla e di aiutarlo a superarla.

I papà, dunque, sono perfetti per conciliare il sonno perché:

- non allattano;
- mantengono di più la calma davanti ai capricci.

Per essere efficaci, però, devono evitare alcuni comportamenti in cui tendono a scivolare di frequente.

In primo luogo, non possono rinunciare subito alla relazione con il piccolo quando inizia a piangere. Cresciuti con la regola che "gli uomini non piangono mai" e che "il pianto è una cosa da femminucce" molti, di fronte alle lacrime di un neonato, se la danno a gambe e battono subito in ritirata. Il pianto, infatti, può rappresentare un comportamento in cui non vogliono trovarsi coinvolti (anche perché ci sono poco avvezzi). Perciò la loro tipica reazione è di mettere il figlio nelle braccia della compagna nel giro di un nanosecondo, dicendole: «Ha fame. Pensaci tu». In realtà, delegare alle donne non fa bene a nessuno, neppure agli uomini, che invece potrebbero rivelarsi esperti e competenti nel gestire la situazione.

Avvalendosi della risonanza magnetica funzionale, una ricerca ha indagato la risposta cerebrale di individui adulti (di entrambi i sessi) in stato di *mind wandering* (ovvero, in una condizione di "riposo mentale" in cui il pensiero è libero di vagare, senza alcuna attività cognitiva da svolgere). Si è scoperto che, in risposta al pianto di bambini affamati, il cervello di maschi e femmine, che siano genitori o meno, reagisce in maniera differente.

Infatti, durante lo stimolo uditivo, due delle principali aree neurali responsabili del *mind wandering* (la corteccia prefrontale mediale e cingolata posteriore, associate alla riflessione e al pensiero centrati su di sé) rimangono attive negli uomini. Nelle donne, invece, si disattivano, quindi sono più pronte ad accorrere rispetto ai compagni, che tendono a rimanere assorti e concentrati su se stessi.

In condizioni di emergenza, la lentezza maschile nella risposta può rivelarsi controproducente, ma quando il problema è semplicemente addormentarsi, consente ai papà di rimanere tranquilli e presenti, senza allarmarsi. Dovranno sfruttare questa capacità per trasmettergli la propria calma, favorendo il sonno.

C'è un altro aspetto che li rende i paladini della difesa del lettone come spazio protetto, riservato alla coppia adulta, e non al bambino: provano un desiderio sessuale più intenso e avvertono la necessità di riavviare la sessualità di coppia molto prima delle donne.

Se all'inizio questo fattore impone loro di autoregolarsi e di negoziare il proprio desiderio, di fronte al rifiuto più o meno marcato della neomamma nei primi mesi dopo il parto, sul medio termine può fungere da stimolo per la coppia, inducendo la compagna a lasciarsi coinvolgere di nuovo nella relazione intima.

Spesso sono i papà che accompagnano il neonato nel lettino e lo aiutano ad abituarcisi. Lo fanno perché separare il figlio dall'avvolgente abbraccio materno è da sempre un loro compito, e per tutelare la solidità del rapporto amoroso, che, altrimenti, rischierebbe di essere soffocato dalle preoccupazioni della genitrice, attenta a garantire la sopravvivenza e il benessere della prole.

♀ Nella mente delle donne

Nel primo anno di vita, ogni interazione tra mamma e bambino consolida un legame sempre più forte, che permette al nuovo arrivato di avere fiducia nel mondo in cui vive. La madre è capace di sintonizzarsi con lui, di interpretare i suoi segnali e di dare risposte adeguate. Scambi simili, ripetuti infinite volte, costruiscono le basi della sicurezza del piccolo. Sapendo di avere un ruolo così importante, la donna cerca di essere il più possibile presente e pronta a intervenire davanti a ogni manifestazione di disagio. Il pianto notturno attiva in lei l'istinto di rimediare con la soluzione di cui dispone in quantità maggiore: il cibo. Il suo cervello, infatti, è predisposto per rispondere in abbondanza alle richieste del bambino. Trattenersi dall'intervenire le costa molto a livello energetico. Fidarsi del partner e delegargli la cura del figlio è uno sforzo quasi innaturale.

La presenza di un padre amorevole e disponibile è una risorsa fondamentale. L'uomo non ha più solo il compito di procacciare il cibo e proteggere dai nemici, ma è dotato di un pensiero e di una sensibilità che possono arricchire la risposta dei genitori ai bisogni della prole. Collaborare nella ricerca di strategie che possano regalare a tutta la famiglia un sonno tranquillo e rigenerante è una sfida molto importante per il benessere della famiglia. Dormire poco significa accumulare stanchezza e consumare energie senza poterle recuperare. Questo mix è causa di insoddisfazione e nervosismo per tutti. Un buon riposo è una necessità e dovrebbe essere una sana abitudine, tranne casi eccezionali, come una malattia del piccolo.

Le donne sono molto più sensibili allo stress e le emozioni negative lasciano uno strascico che può turbarle profondamente e a lungo. Quando sentono il figlio piangere, attivano il cosiddetto "cervello rettiliano", deputato alle funzioni di sopravvivenza e di difesa dei cuccioli: si innesca, cioè, una risposta automatica, uno stato d'allarme che paralizza e congela l'attenzione a qualsiasi altro stimolo, obbligandole a trovare in fretta una soluzione al problema. Da una parte è un vantaggio, perché permette loro di essere sempre concentrate sui compiti di protezione e risposta ai bisogni della prole. Dall'altra, è un processo ad alto consumo energetico, che a volte può generare cortocircuiti disfunzionali, come iperattivazione, incapacità di dare il giusto peso agli eventi, convinzione che il bambino sia incapace di tollerare qualche frustrazione, disattenzione verso il partner e il contesto, ecc. Di qui, la grande fatica a tollerare le lacrime del piccolo e l'istinto di intervenire per dargli sollievo.

A volte, però, il pianto non ha una causa precisa e anche il pronto intervento materno non riesce a interromperlo. Allora, lo stress e lo stato di all'erta aumentano. E qui entrano in scena i papà. Sdrammatizzare e sopportare un lamento prolungato è la loro specialità. Le grida disperate dei pargoli non sono pugni nello stomaco e possono affrontarle con una sana leggerezza, che, specie nel cuore della notte, è la risposta migliore per aiutare tutti a rilassarsi.

Una simile funzione tranquillizzante ha ricadute dirette sul benessere della coppia. Per la donna, la tensione e la sensazione di trovarsi intrappolata in uno stato di rabbia e collera sono nemici acerrimi del piacere. Se è arrabbiata, avrà bisogno di molto tempo per lasciarsi andare.

Paradossalmente, se si è troppo concentrate sulla protezione del bambino, si rischia di non riuscire bene nel compito, perché si è dominate da un'ansia eccessiva, *che a lungo andare risulterà sfiancante e controproducente. Allo stesso tempo, potrebbe alterare l'equilibrio con il partner, perché il desiderio di vicinanza intima diminuirà molto. Se, invece, l'uomo avrà un ruolo attivo, alleggerendo la fatica e il coinvolgimento materno nell'accudire e far addormentare il figlio, ne trarrà due vantaggi: una mamma più riposata e una compagna innamorata e attratta da lui.*

♂ I consigli di papà a mamma

- Se lo mettiamo nel lettone per dormire un po' meglio e di più, non ha senso svegliarci a vicenda ogni cinque minuti per dirci di fare attenzione a non schiacciarlo né soffocarlo.
- È vero, il nostro pargolo piange e i vicini di casa potrebbero lamentarsi, ma anche loro sono stati piccoli. E probabilmente sono genitori. O magari lo saranno. Non è detto che domattina ci aspettino sul pianerottolo con l'ingiunzione di sfratto in mano.
- Prima di abituarsi a dormire nella propria stanza e nel lettino, molti bambini si lagnano e piangono per qualche notte. Ma non significa che stanno soffrendo e che non sopravvivranno. Ce la faranno anche loro, come ce l'abbiamo fatta noi a nostro tempo. Oggi siamo vivi e vegeti, e non siamo travolti e stravolti dalla sofferenza o dal dolore.
- Anche se il pupo dorme nel lettino a fianco a noi,

possiamo avere la nostra intimità senza temere che, svegliandosi, rimanga traumatizzato. Altrimenti, portiamolo nella camera a fianco. Ma non facciamo l'amore con il costante commento di sottofondo: «Fai piano perché si sveglia». Uccide il desiderio e tutto il resto.

- Sono passati sei mesi dal parto e abbiamo voglia di fare l'amore: non è vero che siamo assettati di sesso o maniaci. Siamo uomini. E vi amiamo. E amare vuol dire anche avere con voi rapporti sessuali. Anche se siete diventate mamme. Anzi, soprattutto per quello.

♀ I consigli di mamma a papà

- *Se la sera ci appisoliamo mentre a letto ci raccontante in dettaglio la vostra giornata, non rimaneteci male: è solo che le notti insonni reclamano un recupero e la palpebra cade inesorabile, anche se vorremmo ascoltarvi con tutto il cuore.*
- *Se il marmocchio dorme beato e avete programmi romantici, evitate di fare zapping e di soffermarvi su programmi scioccanti. Siamo molto sensibili e ci basta poco per compromettere la passione sepolta in noi da pannolini e ninne nanne. Anzi, per favore, evitate trasmissioni simili soprattutto se non avete intenzione di continuare la serata sotto le lenzuola: ascoltare la storia della donna aggredita nel cuore della notte, con tanto di ricostruzione dei fatti, annienta ogni possibilità di addormentarci serene.*

- *Non lasciatevi scoraggiare dalle nostre resistenze, se siete certi che il pupo sia pronto per il lettino. Siamo chiocce e non possiamo affrontare un salto simile, ma ci fidiamo di voi, anche se è difficile ammetterlo.*
- *Scusateci per tutti i calci sotto le lenzuola, ma abbiamo tanto bisogno di recuperare che non possiamo permettervi il lusso di russare.*
- *Grazie per come tollerate i numerosi risvegli notturni, pur sapendo che la sveglia suonerà indifferente alla solita ora. Ci piace pensarvi forti e coraggiosi, capaci di resistere alla fatica insieme a noi.*

CAPITOLO 7

Giocare è una cosa seria

♀ Come la vede lei

Il tavolo della cucina non è mai abbastanza grande.

«Io, faccio io».

«Prima devi mettere la colla. Attenzione a non rovesc... Non fa niente, adesso la raccogliamo con il pennello. Non con le dita, con il pennello. Bravo, così».

«Mamma, piccica».

«Dammi la manina, che ti stacco il pennello. La colla appiccica. Si usa per quello. Quando si secca, tiri via la pellicina».

«Io tiro cine».

E mentre con il pennello rivesto un palloncino con la carta di giornale inzuppata nella miscela di colla e acqua, mio figlio si incanta a guardare le sue dita piene di Vinavil e a staccarsi la colla secca. Ho foderato tutto il tavolo con i sacchi dell'immondizia, e lui mi hai aiutato a fissarli con lo scotch.

«Bava mamma. Ancoa palloncino».

Non perde di vista il lavoro, mentre procede con la pulizia delle mani. Adoro fare i lavoretti con lui perché è instancabile. A volte, si concede una pausa, ma appena mi distraggo mi incita a riprendere.

Mancano pochi mesi all'inizio della scuola materna e sono sempre più convinta che sia pronto. Quest'inverno, negli interminabili pomeriggi piovosi, quando ero libera dagli impegni di lavoro, abbiamo iniziato a esplorare il mondo del bricolage. Due anni e poco più non sono molti per maneggiare forbici e colori, ma, non perché è mio figlio, il nostro bambino sembra davvero portato. L'ho scoperto il giorno che gli ho proposto di ricalcare qualche oggetto con la tecnica del frottage.

Quando ci hai visti muoverci per la casa con fogli e pastelli a cera, ci hai guardati con sospetto. Tu compreresti una cassaforte solo per poterci chiudere dentro i colori «onde evitare spiacevoli incidenti». Ti conosco bene e so che cosa pensi ogni volta che il piccolo artista di casa si avvicina all'armadio del bric-à-brac. *I pastelli sono accettabili, meglio se spuntati, da utilizzare, però, solo sul tavolo della cucina e mai, per nessun motivo, sul mobile della sala. I pennarelli sono armi chimiche su cui vige il divieto assoluto fino all'età della ragione. Gli acquerelli vanno bene d'estate, perché quando fa freddo non si gioca con l'acqua. Le tempere, nella tua lista dei tabù, vengono poco prima delle sigarette e dei superalcolici. I pastelli a cera, infine, sono oggetti non identificati.*

A una festa di Natale, quando avevo il pancione, c'era un angolo destinato ai piccoli. Curiosa come sono, ho sbirciato le attività che proponevano. Quella che più mi ha colpito era il frottage. *C'erano tavolini bassi, con diverse superfici in rilievo: ruvide, a righe, a pallini, a fiori, a quadretti. I bambini, anche quelli più piccoli, ci appoggiavano sopra dei fogli e coloravano con i pastelli a cera. Per magia, il colore imprimeva sulla carta i rilievi sottostanti. L'effetto era bellissimo e loro ne erano affascinati.*

Ho pensato a quando avrei potuto fare lo stesso gioco con il mio pargolo, e alla fine, eccoci in giro per casa a esplorare ogni piano.

Tu ci hai guardati e hai compreso che stava per iniziare un incubo. Hai letto nei nostri sguardi eccitati che era iniziata una nuova era, che nessuna tua resistenza ci avrebbe fermati.

«Papi, guadda che bello!» ti chiamava, mentre colorava appoggiato sul mosaico del bagno.

«Bravo amore, attento a non uscire dal foglio».

Quella è stata la nostra prima volta. Abbiamo capito che non ci saremmo più fermati e le tracce del nostro accordo sono state subito ben visibili.

La sera, quando rientri, spesso ci trovi sul tavolo della cucina, intenti a pasticciare. A volte, stiamo soltanto sfogliando un libro oppure colorando. Altre, siamo in tanti, perché le mamme adorano fare squadra: è inutile sporcare in tante abitazioni diverse, e a me piace invitarle da noi.

Stasera, quando arrivi, il tuo bambino ti corre incontro con una mano pulita e una no. «Papà, papà, guadda, facciamo un mut».

Tu indietreggi. Hai la borsa ancora in mano. «Bello. Aspetta che appoggio tutto e poi ti prendo». Mi guardi.

«Ciao, amore. Tranquillo, la cena è pronta».

Dai un'occhiata in giro, in cerca di tracce di cibo. «Bene, sono a digiuno da stamattina!».

«Finiamo solo di fare la sagoma».

«Certo, è logico». Intuisco una vena di irritazione nelle tue parole.

«Papi, guadda cosa facciamo. Il mut».

«Mi sembra pronto. Siete stati bravissimi. Adesso possiamo riordinare».

«Caro, mancano ancora le zanne... stiamo facendo un mammut».

«Ah, utile. Come abbiamo potuto vivere senza fino a oggi?».

«Bello il mut! Amico! Mettiamo in cameetta!».

«No, per carità! È tutto gocciolante».

«Tranquillo, tesoro, dobbiamo prima farlo asciugare e poi colorarlo».

«Io lo trovo bellissimo così. È più originale, e questo grigio gli sta proprio bene, eviterei di pasticciare con i colori».

«Guadda papi». Tuo figlio ti mostra il libro da cui abbiamo preso l'idea.

«Attento, hai le mani tutte sporche. Lo prendo io».

«Quetto!».

E ti fa vedere l'esemplare preistorico che stiamo costruendo. Ho girato quattro negozi per trovare un palloncino delle dimensioni giuste. Il risultato è fantastico: un mammut così grande che se non fosse di carta il nostro bambino potrebbe cavalcare. Grazie al cielo, abbiamo un tavolo largo.

«L'estinzione non vale per i mammut di carta?».

«Smettila di preoccuparti. Vai di là e vedrai che tra quindici minuti è tutto pronto».

Sistemo l'ultima zanna. «Siamo stati proprio bravi!».

Sono più di due ore che traffichiamo attorno a questo colosso e non smetterei mai di contemplarlo. Anche il nostro campione sembra provare la stessa soddisfazione, mentre passa le manine sulla schiena del mammut per renderla più liscia.

«Ora lo mettiamo ad asciugare fuori».

Ti anticipo di un soffio: «Tranquillo, amore, non sporcherò passando. Prima, però, lavo le mani al pupo, così lo decontamino e finalmente puoi coccolarlo. So che non vedi l'ora».

«Vieni qui, piccolo campione, a fare una scalata sulla mia schiena». Mentre vi sento ridere, raccolgo tutti gli scarti e butto il rivestimento del tavolo. In dieci minuti non resta che qualche traccia di colla sul pavimento.

Apparecchio e tiro fuori dal forno la torta salata, la focaccia e le verdure che tenevo in caldo. Ormai so che con i lavoretti perdo la nozione del tempo e, onde evitare litigi inutili con te che arrivi affamato, gioco d'anticipo. È una delle regole più importanti con te.

«Pronto a tavola!».

«Evviva!». Vi precipitate con l'acquolina in bocca e accaldati per la lotta. Mi domando perché vi piaccia così tanto farla.

E mentre ceniamo, il nostro pargolo annuncia: «Domani mangia con noi anche il mut!».

♂ Come la vede lui

La differenza tra me e te nel modo di farlo divertire era visibile fin dai primi giorni.

Tu mi hai sempre detto che ero molto "materiale" con il bambino. In effetti, pur volendo essere tenero, a me piace strapazzarlo parecchio. E allora, gli facevo fare un sacco di ginnastica: gli piegavo su e giù le gambe, gli agitavo le braccia come se fossero ali. E lui gridava, sospeso tra la sorpresa e il piacere di tanto vigore. Doveva trovarla un'esperienza insolita, abituato com'era a essere massaggiato e accarezzato dalle tue mani, che si muovono sul suo corpo con una grazia e una delicatezza che le mie non potranno mai avere. Però, non sembrava lamentarsi troppo della diversità di trattamento.

Con me rideva eccitato, mentre con te andava in brodo di giuggiole per il godimento, come un gatto che fa le fusa.

La vera differenza tra i nostri stili di gioco è diventata evidente il pomeriggio in cui l'ho fatto volare. Avrà avuto sette o otto mesi e lo stavo strapazzando in vari modi. Uno dei miei preferiti è quando mi sdraio sul pavimento e lui mi sale sopra la schiena e mi usa come montagna vivente. Mi piace da matti, prima di tutto perché non faccio molta fatica. A me basta stare disteso e poi fa tutto da solo. Ridiamo sempre un sacco. È vero, ogni tanto rischia un bernoccolo, quando si tuffa a testa in giù sulla mia pancia e poi prova a passare dall'altra parte del tappeto.

Tu, di tanto in tanto, ti fai vedere, mi lanci un'occhiata di disapprovazione, commenti: «Giocare un po' più tranquilli non è possibile?», ma poi te ne torni di là.

Quando, però, gli ho fatto fare l'aeroplano per la prima volta, sei comparsa alla velocità della luce e me lo hai strappato di mano: «Ma sei matto?» hai detto spaventata.

«In che senso?». Nel frattempo, il pupo ha cominciato a piangere.

«Ecco in che senso» hai risposto. «Gli hai fatto paura. Ti sembra che alla sua età possa sopportare un gioco tanto eccitante e pericoloso?». Intanto, con una mano lo stringevi forte a te e con l'altra lo accarezzavi.

«Dov'è il problema?» ho rilanciato.

«Il problema è che giochi simili non si possono fare con bambini così piccoli, perché li spaventano e sono rischiosi».

La vera differenza tra mamme e papà, ho pensato mentre ti vedevo diventare rossa di rabbia e concitazione, è la percezione del pericolo. Sarà perché lo hai portato nella pancia per nove mesi, sarà perché è carne della tua carne, la cautela che usi in ogni interazione con lui è infinitamente superiore a quella che ritengo adeguata io.

Se piange, lascio passare sempre qualche secondo prima di muovermi. Magari smette da solo, penso sempre. Tu, invece, in un millesimo di secondo scatti e accorri alla velocità della luce. Per questo quando giocate hai una propensione molto maggiore a coccolarlo e abbracciarlo, insomma a fare giochi ad alto contatto, mentre io non disdegno quelli a distanza. Per esempio, tiro la palla e lui deve prenderla, o, appunto, gli faccio fare l'aeroplano.

Dopo che ti ho vista arrivare come una saetta, ne ho parlato con gli amici. È un dato di fatto: sono i papà che lanciano i figli in aria, le mamme non lo fanno mai, non ci riescono proprio.

Nel tempo, abbiamo continuato così. Io lo metto spesso nel seggiolino della bici e lo porto con me a esplorare la città. Quando andiamo in discesa, mi piace sentirlo ridere, eccitato dalla velocità. Secondo me, gli piacciono il vento e l'aria fresca sulla pelle, anche se tu, appena vedi che siamo pronti per uscire, lo imbacucchi come un esploratore del Polo Nord, e se c'è appena un filo di vento, gli metti anche il passamontagna. Mi sembra di andare in giro con un membro della banda bassotti.

Ti dirò, i giochi da fare in casa, quelli in cui sei seduto e lo stimoli a trovare il pezzetto mancante del puzzle, oppure a cercare il disegno di un topolino sulla pagina di un libro, mi annoiano parecchio. Forse non sono tanto bravo a intrattenerlo e farlo divertire. Io so portarlo in giro, fargli vedere le cose mentre pedalo, accompagnarlo al parco e spingerlo a tutta velocità sull'altalena (e anche in questo caso, mi hai chiesto più volte di non esagerare).

In effetti, a pensarci bene, non ho ricordi di me da piccolo che gioco con i miei genitori. Credo di essermi arrangiato come potevo. Mia madre e mio padre mi mettevano sul pavimento oppure nel box e io trascorrevo le giornate in compagnia di me stesso e dei giocattoli. Non sono mai stato un appassionato di giochi. Non sono nelle mie corde. Da bambino, ho letto tanto, e ho ascoltato musica quando sono diventato più grande.

In compenso, mi piace tanto andare in giro, esplorare, camminare con il naso all'insù, inforcare la bicicletta. Ecco, forse più che un giocatore, sono un esploratore. Per questo, nel tempo libero, la cosa che più mi piace fare con mio figlio è portarlo a spasso con me. E ammiro te, che, invece, sai intrattenerlo in migliaia di modi diversi, ritagliando pezzetti di carta, colorando fogli su fogli, costruendo sculture con i mattoncini colorati. Nulla ti frena e tutto ti diverte. Potrei anche fare le stesse cose, ma per dovere e non con piacere, perché dopo un po' mi sembra di perdere tempo e, soprattutto, mi annoio. Per fortuna, io e te siamo una coppia ben assortita.

♀♂ La sfida

Giocare: il verbo più bello che esista nel percorso di crescita di un figlio. Perché per il bambino il gioco è il principale mestiere di tutto il periodo prescolare e perché lo aiuta a compiere due operazioni cruciali: esplorare il mondo e strutturare la propria identità. Fino ai tre anni, è in gran parte spontaneo.

Nei primi mesi, il piccolo si intrattiene soltanto con il proprio corpo, ma crescendo affina le sue competenze e le capacità motorie e di coordinamento, impara a prendere, afferrare, lanciare, schiacciare, spostare, e tutto può trasformarsi in un eccitante divertimento.

Di solito, fino ai due anni gioca per esplorare, mettere alla prova il fisico e vedere fino a che punto lo sostiene nelle attività in cui prende contatto con l'ambiente e lo domina.

Al di sotto dell'anno è costantemente concentrato nell'esplorazione di ciò che lo circonda attraverso la scoperta dei suoni e dei colori, o afferrando gli oggetti con le mani, per poi scagliargli lontano e rincorrerli strisciando, rotolando oppure gattonando sul pavimento.

Di conseguenza, i giochi più indicati saranno soprattutto giostrine sonore da appendere alla culla o al lettino, animali di gomma da mordicchiare e schiacciare, specchi nei quali contemplare la propria immagine riflessa, palestre che gli insegneranno la relazione causa-effetto, oltre a sviluppare la coordinazione ottica e motoria. Il bambino ne sarà senza dubbio assorbito e deliziato, ma non devono sostituire il ruolo del genitore, sempre pronto a sdraiarsi sul pavimento accanto al figlio, a pigiare tasti colorati, tirare cordicelle e, soprattutto, parlare con lui.

Attorno all'anno, quando comincia a muovere i primi passi, avvertirà sempre di più l'esigenza di toccare tutto, spostandosi di continuo e portando con sé i giochi preferiti. In breve tempo, imparerà a saltare, correre e arrampicarsi ovunque. Di qui, la predilezione per oggetti da tirare o spingere, come carretti, passeggini per bambole, camion. Nei rari attimi di calma, invece, la sua attenzione sarà attratta da divertimenti che esercitino la mente, come cubetti di legno e giocattoli a incastro, che lo introducono ai primi rudimentali concetti di dentro e fuori, sopra e sotto. Gli piaceranno molto anche grossi pastelli facili da impugnare, con i quali dare sfogo alla creatività.

Dai due anni in poi, entra nella fase di emulazione del genitore. Mentre i maschi si divertono in modo particolare a fingere di guidare o di aggiustare automobili, a creare nuove e fantasiose invenzioni con "attrezzi in miniatura", le bimbe si dilettano portando a spasso le bambole o preparando succulenti pranzetti.

È solo attorno ai tre anni che si comincia ad apprendere l'importanza del gioco comunitario, imparando anche a seguire le prime regole elementari.

I genitori sono fondamentali per promuovere la passione e il coinvolgimento del piccolo nelle attività ludiche. E dato che queste ultime devono rappresentare la sua principale occupazione nei primi anni di vita, è cruciale che partecipino con divertimento e impegno, considerandole non solo un dovere, ma anche un piacere.

A partire dai tre mesi, il bimbo affina ogni giorno la capacità di interagire con l'ambiente che lo circonda. Gli oggetti che ha a portata di mano diventano per lui interessanti e come un piccolo scienziato non si stanca mai di esplorarli. Osservandone a distanza le azioni, potete scoprire molto su come funziona la sua mente. Jean Piaget, uno dei padri fondatori della psicologia dell'età evolutiva, sosteneva di aver maturato gran parte delle proprie teorie osservando i tre figli.

Un bambino dovrebbe riuscire a intrattenersi per parecchio tempo da solo, cercando di apprendenre il più possibile sulle leggi della materia e sulla consistenza degli oggetti.

Offritegli stimoli adatti e non pericolosi, e soprattutto, sistemate gli ambienti in modo che possa esplorarli senza correre rischi.

L'interazione con voi è uno dei primi giochi sociali che il piccolo sperimenta. Cucù Settete è solo uno dei molti intrattenimenti che coinvolgono anche gli adulti.

Quando comincia a gattonare e poi a camminare, acquisendo molte più competenze nell'interazione con gli altri e con ciò che lo circonda, la sua capacità e la voglia di giocare aumentano. Imparare a farlo da solo è molto importante. Se ha sempre bisogno di una persona che lo intrattenga, vuol dire che tollera male la frustrazione di dover inventare da sé un modo per soddisfare questa necessità.

D'altro canto, deve esserci qualcuno disposto a divertirsi un po' con lui. Il gioco è lo strumento per eccellenza per imparare le regole del mondo, le leggi della fisica, il valore degli oggetti, che cosa si può fare e che cosa no, e tanto altro.

Giocare con i figli, soprattutto dopo i sei anni, sembra essere, invece, tra gli ultimi pensieri dei genitori italiani, che lo fanno, in media, 15 minuti al giorno, spesso soltanto di domenica. Nelle due ore che, non senza fatica, si dedicano ai bambini, si dà la precedenza ad altri oneri: aiutarli nei compiti, accompagnarli in piscina o a lezione d'inglese, trascinarli con sé al supermercato e alla fine crollare tutti sul divano, sfiniti, davanti alla TV. È il risultato di una ricerca su un campione di 500 mamme e papà, dell'età media di trentanove anni, realizzato dall'associazione Pepita nel 2012.

Le madri, di solito, prediligono attività che prevedano un contatto stretto. Soprattutto nel primo anno, abbracciano, coccolano, massaggiano, a mani nude o con l'olio. E poi, cantano e danzano con il pupo in braccio. Inoltre, lo stimolano, a voce e con gli sguardi, lo invitano a compiere gesti, ripetere parole. Insomma, desiderano farlo rilassare, ma anche fornirgli competenze che lo aiutino a diventare grande.

I papà, invece, adottano metodi meno ragionati e più concreti. Adorano giocare con la palla. Se le donne tengono il bambino in braccio il più spesso possibile, loro non vedono l'ora di metterselo sulle spalle, di infilarlo nel seggiolino di una bicicletta e portarlo a esplorare le vie della città o un parco non lontano da casa. Laddove le prime preferiscono gli interni, per i secondi il mondo esterno rappresenta la dimensione perfetta per le attività ludiche con i figli.

Una distinzione va fatta anche riguardo al sesso del piccolo. Mentre le mamme non modificano significativamente il proprio stile, soprattutto sotto i tre anni, i papà sanno come si gioca con un maschio (o pensano di saperlo), ma spesso si sentono esclusi dall'intrattenimento delle femmine.

Sentono il peso dello stereotipo di genere, per cui tra uomini si sa sempre che cosa fare, mentre con le figlie è più difficile, perché il loro mondo è dominato da code di cavallo e borsette (almeno nell'immaginario maschile). Di solito, però, le bambine sanno far emergere la dolcezza e la tenerezza paterna (è uno dei valori indiscutibili che portano nella vita del padre, il quale spesso ignorava questi aspetti di sé). Di conseguenza, i papà imparano anche a modulare le attività ludiche e a capire che cosa le diverte.

IL FILM DA VEDERE

—

L'ASILO DEI PAPÀ

di Steve Carr,
commedia, Usa, 2003, 93 minuti

—

La commedia racconta l'avventura di due padri piuttosto bizzarri, che perdono il lavoro e sono costretti a reinventarsi. La scelta che ai loro occhi appare più semplice è fare di necessità virtù: essere disoccupati significa passare molto più tempo con i figli, e allora perché non farne un business?

I due protagonisti decidono di aprire un asilo gestito da papà, ma in poco tempo scopriranno che, per seguire i bambini, non basta la presenza. Poco esperti in tema di regole ed educazione infantili, travolti dall'esuberanza di un'orda di

pesti in erba, vivono una serie di disavventure rocambolesche.
Il gioco è il campo in cui va in scena lo scontro-incontro tra piccoli e grandi. Le regole rappresentano il terreno su cui si costruisce il rapporto: chi ne uscirà vincitore?

Spunti di riflessione

- Immaginate di candidare il vostro compagno per un posto da educatore in un asilo nido. Descrivete ai datori di lavoro i suoi punti di forza. Adesso invertite i ruoli. Infine, condividete i pensieri che vi sono passati per la mente leggendo la descrizione che l'altro ha fatto di voi.
- Raccontatevi a vicenda un momento specifico in cui vi siete sentiti particolarmente bene mentre giocavate con vostro figlio: che cosa vi ha dato questa sensazione? Che gioco stavate facendo? Con quale stato d'animo avete iniziato?
- Ripensate a un episodio in cui avete svolto un'attività ludica con i vostri genitori, quando eravate molto piccoli. Condividete il ricordo con il partner.
- Pensando ai protagonisti del film, raccontatevi situazioni in cui il divertimento ha pre-

so una cattiva piega e si è trasformato in una situazione difficile da gestire.

- Quali attenzioni sono necessarie per intrattenersi con un bambino molto piccolo?

♀ Nella mente delle donne

Il congedo di maternità nei primi mesi offre numerose opportunità per organizzare il tempo libero. Ci si può concedere lunghi intervalli di riposo, in cui il piccolo, che è sveglio sempre più spesso, si dedicherà all'esplorazione del mondo circostante.

Quando si torna al lavoro, invece, si rende necessaria una riorganizzazione dei ritmi. Molti genitori, dopo una giornata stressante, sentono di non avere le forze per imitare i versi degli animali. Le mamme, però, hanno una vocazione particolare al sacrificio e spesso riescono a ritagliarsi uno spazio per il gioco, anche se sono stanche e prese da altre preoccupazioni, come le mille faccende da sbrigare in casa.

È molto importante ricercare attività che possano dare piacere sia ai piccoli, sia ai grandi. A volte, anche svuotare la lavatrice e stendere insieme i panni può essere un'occasione, come lucidare le scarpe o, ancora, cucinare insieme (prendendo tutte le precauzioni del caso).

È fondamentale, però, riservare anche qualche mo-

mento libero dalle incombenze domestiche, in cui dedicarsi al 100% al divertimento con il bimbo. Ripetetevi che non è mai tempo perso: coltivare insieme passioni durature può rappresentare un tesoro prezioso per entrambi.

L'esplosione dell'era tecnologica ha occupato ogni minuto libero di grandi e piccoli. Molte donne che, per scelta o per necessità, hanno smesso di lavorare per occuparsi dei figli sono costantemente collegate a protesi digitali che le tengono in contatto con il mondo. Facebook e altri social network hanno il merito di farle sentire meno sole e isolate, ma nello stesso tempo intercettano bisogni relazionali profondi e assorbono parecchie energie. Le derive di questa nuova forma di relazione sociale sono ben note a tutti e, senza voler minimizzare i benefici emotivi dell'appartenenza a una comunità in rete, è bene non sottovalutare i rischi di esserne travolti.

Il bambino ha bisogno di una mamma sintonizzata con lui e disposta a dedicargli parecchio tempo. Fare qualcosa insieme è il miglior modo per conoscersi. Godersi il piacere di preparare insieme una sorpresa per il papà, scoprire attraverso i sensi il mondo che ci circonda, costruire e disfare sono solo alcuni degli infiniti gesti da sperimentare in due.

Per alcune donne può essere una grossa sfida rinunciare a qualche pulizia straordinaria e decidere di sedersi sul tappeto o al tavolino a giocare. Coltivare momenti simili è una scelta da perseguire giorno dopo giorno.

♂ Nella mente degli uomini

Generalmente si dice che una buona relazione tra padre e figlio si fondi su tre caratteristiche: responsabilità, disponibilità e coinvolgimento.

Per *responsabilità*, in particolare, si intende sia lo sforzo dell'uomo per procacciare tutte le risorse necessarie alla sopravvivenza e all'esistenza della prole, sia la sua partecipazione attiva a decisioni relative alla cura del bambino (accompagnarlo alle visite mediche e ai controlli, cambiargli il pannolino, scegliere i vestiti e farlo addormentare seguendo i riti consueti).

Se questo è un compito che gli uomini sanno assolvere da sempre, e soprattutto negli ultimi decenni, disponibilità e coinvolgimento sono prerogative che riguardano in particolare le ultime generazioni. In passato, in pochi giocavano. Il loro posto era al lavoro e, una volta tornati a casa, il divano o la camera da letto per riposarsi.

Prima del 1968, la posizione tipica del padre, fra le mura domestiche, era sulla poltrona, con il volto nascosto dietro le pagine di un quotidiano, oppure in una stanza personale, dotata di una porta che facesse da barriera tra i propri spazi e quelli del resto della famiglia.

All'ora dei pasti, poi, sedeva invariabilmente a capotavola, a indicare che ricopriva un ruolo preciso e riconosciuto da tutti.

Era una figura deputata a far rispettare le regole, e

non poteva certo lasciarsi coinvolgere nei giochi infantili: era chiamato a compiti superiori.

Ora, invece, ha un rapporto molto più intimo e diretto con la prole e ha conquistato la possibilità di coltivare le altre due dimensioni, disponibilità e coinvolgimento, che contribuiscono a costruire la base di una buona relazione con il figlio.

Disponibilità significa rendersi accessibili al bambino senza barriere né obiettivi particolari. Gli si dedica tempo per il desiderio di stare insieme, e non allo scopo di fare qualcosa per lui o con lui. Il gioco diventa, allora, l'attività per eccellenza del papà disponibile: proprio per la sua natura libera e priva di fini, è un momento per "stare con", e non per fare.

Coltivare questo aspetto può rivelarsi difficile. I maschi hanno sempre qualcosa da fare. Quando hanno un po' di tempo libero, hanno l'impressione di perderlo, se non lo impiegano in attività concrete. Ma è proprio la rivoluzione che un pargolo porta, di solito, nella loro vita. Insegna un concetto che le mamme conoscono già molto bene: il tempo di qualità non è quello dell'azione, bensì quello della relazione. Quest'affermazione scardina secoli di "cultura maschile", secondo cui l'identità dell'uomo coincide unicamente con il ruolo sociale (e, di conseguenza, professionale) che ricopre.

La trasformazione imposta da un bambino, in cui l'esistenza diventa anche uno spazio dedicato agli affetti e alle relazioni, è, allora, un'opportunità straordinaria per gli uomini di oggi, che possono appropriarsi di una felicità in molti casi preclusa ai loro antenati.

La terza dimensione cruciale è il *coinvolgimento*. Di nuovo, nulla come il gioco permette a un padre di dimostrare la sua partecipazione alla vita del piccolo, soprattutto nei primi tempi. L'immagine tipo potrebbe essere un uomo che, tornato a casa dal lavoro, si sdraia sul tappeto e permette al figlio di usare il suo corpo come se fosse una montagna umana da scalare e conquistare, trasformando sé stesso nel giocattolo preferito del bimbo.

In generale, se un papà è coinvolto e disponibile, il bambino apprenderà da lui l'abilità di diventare un ottimo esploratore della vita. In tutte le culture del mondo, solitamente sono i padri a introdurre i pargoli alla dimensione dell'avventura. Sono loro a farli volare in alto per poi riprenderli (è un gioco che quasi nessuna mamma riesce a fare nel primo anno, per paura che sia pericoloso). Se sono in bicicletta e li portano nel seggiolino, quando arriva una discesa non tirano il freno, ma fanno godere loro l'ebbrezza della velocità e dell'aria sul viso. Di solito, li spingono ad avventurarsi in situazioni e percorsi che prevedono un margine di rischio, in cui non necessariamente i genitori possono assisterli, perché imparino l'arte dell'indipendenza e dell'autonomia.

A questo servono. Mentre le donne regalano un legame con le radici e un senso di protezione, gli uomini forniscono un paio di ali e la voglia di esplorare. E nulla come il gioco condiviso permette loro di costruire le fondamenta per una relazione affettuosa e profonda, intima e avventurosa al tempo stesso. A volte, quando si lasciano prendere troppo la mano, le compagne si lamentano e si preoccupano dei pericoli. «Non farlo correre troppo», «Non portarlo a casa tutto sudato», «Stai attento che non cada e si faccia male» sono tutte frasi ricorrenti che i padri hanno imparato ad ascoltare con un orecchio e a far uscire dall'altro subito dopo. Perché per divertirsi insieme, qualche volta, è necessario trasgredire il codice iperprotettivo della mamma.

Negli ultimi anni, una ricerca di Klaus Grossman e colleghi ha rivelato una correlazione importante: se un uomo sviluppa un coinvolgimento positivo con il figlio, si sforza di comprenderlo e manifesta liberamente e con sicurezza interesse ed empatia verso di lui, da adulto il piccolo avrà più probabilità di mostrarsi sicuro nella rappresentazione della relazione affettiva, cioè nell'immaginare quali caratteristiche dovrebbe avere "una storia d'amore" tra due persone che si vogliono bene.

Inoltre, studi epidemiologici prospettici (ovvero, effettuati analizzando le caratteristiche del rapporto tra genitore e figlio in un lungo lasso di tempo, con osservazioni ripetute) hanno rivelato che giocare con il papà permette a un bambino di sentirsi più sicuro e competente nell'affrontare le sfide della vita nel percorso di crescita.

Insomma, quando vi sedete sul tappeto con il vostro

pargolo, tenendo in mano una palla o tanti mattoncini colorati per costruire un ponte o una casa, non state solo giocando, ma vi state regalando a vicenda un futuro migliore.

♀ I consigli di mamma a papà

- *Non spaventatevi se, giocando, capita di sporcarsi. A tutto c'è rimedio. Se siete nei pasticci, noi saremo lì ad aiutarvi e, come brave fatine, riusciremo a far tornare lindo il nostro piccolo artista e tutti i suoi attrezzi.*
- *Ci avete convinte: le croste sulle ginocchia sono la prova evidente che sta esplorando il mondo e dobbiamo esserne orgogliose. Per favore, però, non esagerate. Quando lo portate in giro in bicicletta a tutta velocità, ricordatevi di allacciargli bene il casco. E poi, già che ci siete, sistemategli la sciarpa!*
- *Ricordatevi che dormire sul divano mentre il pupo allinea le costruzioni sulla vostra pancia per vedere se restano in equilibrio non significa giocare con lui, e comunque non vale fare sempre lo stesso gioco.*
- *Non dimenticate in giro i piccoli capolavori che il vostro pargolo ha preparato con tanto amore per voi. È vero, pena la saturazione degli spazi, non è possibile tenere tutto, ma se dovete eliminare qualche vecchio manufatto nel cestino della carta, evitate di lasciarlo in bella vista.*

- *Non c'è niente di più bello di un padre che gioca con il proprio figlio come se fosse lui stesso un bambino. Ricercate il fanciullo che c'è in voi e ogni tanto prendetevene cura. Alle mamme fanno impazzire, e i pubblicitari lo sanno bene, le foto dei papà che strapazzano i pargoli (e non solo per gli addominali scolpiti dei modelli).*

♂ I consigli di papà a mamma

- È vero, ci piace il calcio e se c'è qualcosa nei paraggi che somigli a una palla, ce ne appropriamo subito e non smettiamo più di calciare. Quindi, come dite voi, siamo «proprio esagerati». A volte, addirittura maniaci. Ma questo non vi autorizza a comprare al pupo un bambolotto che fa la pipì e un asse da stiro con il ferro che spruzza vapore vero.
- A un anno può stare in tutta tranquillità sul seggiolino della bicicletta: non c'è bisogno che verifichiate sul sito dei pompieri e della Croce Rossa.
- La sciarpa ce l'ha. Il cappello anche. La giacca a vento ha la cerniera chiusa fino al collo. I guanti sono infilati. Adesso basta, per favore: lasciateci uscire e non rompete più le scatole.
- Andare sull'altalena significa muoversi nel vuoto avanti e indietro per sperimentare il brivido della velocità e della sospensione: perciò, non ha senso che continuiate a dirci «Spingi più piano».

- Se siamo usciti da dieci minuti per andare al parco, forse non ci siamo ancora arrivati: per quale motivo ci state già chiamando sul cellulare per controllare che sia tutto a posto?

CAPITOLO 8

Saper dire di no: i capricci

♂ Come la vede lui

Con la voce da paperino che a malapena articola tre sillabe alla volta, mio figlio dice: «Cheo no [quello no], chetto sì», «Tutto mio. Tutto mio».

Naturalmente, «Cheo no» è la sua giacca a vento rossa con cerniera e cappuccio, necessaria per uscire con il freddo di stamattina. «Chetto sì», invece, è la felpa di cotone leggera con l'immagine di Winnie The Pooh.

«Tutto mio. Tutto mio», infine, è diventato una specie di mantra, probabilmente per marcare il suo territorio, in cui, secondo lui, dovremmo lasciargli toccare tutto, prendere qualunque oggetto e sbatterlo sul pavimento. E in effetti, in questo momento a terra giace, come un cadavere, la giacca a vento imbottita con triplo strato di piuma d'oca, mentre lui stringe come un trofeo la felpa, ripetendo: «Chetto sì, chetto sì».

È chiaro che, a diciotto mesi, se esce nel vento gelido

deve indossare qualcosa che lo protegga, e non il cotone fresco che userebbe la sera al mare, quando lo portiamo a fare una passeggiata e lui, dal passeggino, fa "ciao ciao" con la manina al mondo che gli sfila accanto.

Perciò, mi sembra che non ci sia molto da discutere. Sta chiedendo qualcosa che non ha senso e che, di conseguenza, non può avere. Tra l'altro, sono già in ritardo e non ho molto tempo da perdere a dibattere se sia meglio Winnie The Pooh o la tripla imbottitura della giacca rossa.

Invece, tu lo prendi per mano e cominci a fargli fare il ballo del qua qua intorno all'albero di Natale, che abbiamo inaugurato giusto ieri pomeriggio. "Forse si distrae" mi fai capire facendomi l'occhiolino, e mentre tutti e due starnazzate sul pavimento del soggiorno, a me sembra di essere in un pollaio.

Finisce il ballo, finiscono i "qua qua", adesso dai nonni si andrà.

La mia mente pensa in rima, anche quando sono sotto stress. Da settimane mi sono abituato a svegliare nostro figlio al mattino con un repertorio di canzoncine fatte su misura. «Buongiornino Buongiornetto, chi è che scende giù dal letto? Il bambino furbettino che ora cambia il pannolino» e via di corsa in bagno a fare pulizia, mentre tu scaldi il biberon e tutta la casa è in fermento per uscire a un orario decente, utile a entrare nelle nostre vite e a non permanere costantemente nella sua.

Ma sembra che il ballo del qua qua abbia rinforzato

l'amore sfrenato per Winnie The Pooh: probabilmente, orsetti e galline vanno d'accordo.

A questo punto, comincio a spazientirmi e ti dico, sforzandomi di controllare la voce: «Fuori ci sono cinque gradi sottozero. L'ultima cosa che vorremmo è che si prendesse una polmonite. Infilagli quella c...o di giacca a vento e usciamo di casa senza tante storie».

Ecco, mi è scappata la parola con due zeta. Lo so che non dovrei pronunciarla, e so anche che, ogni volta che mi vedi irritato a causa del pargolo, vai in confusione. Di rimando, anche lui contribuisce a peggiorare ulteriormente la situazione. Perciò, nei dieci minuti successivi, assisto, nell'ordine, ai seguenti avvenimenti:

1. tu che insegui nostro figlio con la giacca a vento, ripetendo: «Vieni qui coniglietto, che poi ti do una bella sorpresa»;
2. lui che, ancora più innamorato della felpa, se la stringe sulla pancia con tutte le forze, come a dire che per togliergliela dalle mani dovremo metterlo al tappeto;
3. io che sento la rabbia crescere, e a questo punto non so più con chi ce l'ho. Di certo, con Winnie The Pooh, perché, se nessuno lo avesse inventato, ora non saremmo qui a combattere per ottenere un risultato ovvio: uscire nel gelo ben coperti, senza fare troppe storie.

Però, sono un po' arrabbiato anche con il pupo, perché, nonostante abbia quasi due anni, non gli è chiaro che con una temperatura polare non si esce vestiti come se fossimo ad agosto a Riccione. Com'è possibile che nel suo kit di fabbricazione alcuni pensieri elementari e scontati non siano già incorporati nell'hardware e debbano essere inseriti da noi poveri genitori, al mattino presto, quando fuori fa freddo e io rischio di arrivare tardi al lavoro?

E poi, se proprio devo dirla tutta, sono parecchio arrabbiato anche con te, cara compagna di vita, nonché genitrice di quel piccolo essere capriccioso che sarebbe anche mio figlio. Ogni volta che fa i capricci, non ce la fai a mantenere una posizione, a fargli capire che il no è no e il sì è sì. Cominci a dargli spiegazioni, a girare intorno alla questione, a fare balletti e teatrini nel tentativo di distrarlo e convincerlo.

Ne abbiamo già parlato a lungo. In passato sei intervenuta in alcune situazioni in cui l'ho fermato alzando la voce. E i suoi capricci, dopo le mie urla, hanno avuto un'evoluzione significativa. Lui ha smesso di frignare per l'oggetto del suo desiderio, ma è scoppiato in un pianto disperato e sconsolato, perché, come mi hai fatto comprendere, le mie grida lo hanno spaventato.

«In questo modo non lo aiuti» mi hai detto perentoria. E ho compreso. Mi sono trovato a riflettere sul fatto che stavo riproponendo la stessa strategia di mio padre, quando, da piccolo, lo facevo spazientire. Alzava la voce, e io mi spaventavo e mi bloccavo immediatamente. Solo che, dopo, spariva e non lo vedevo più fino alla sgridata successiva.

Eppure, cado di nuovo nella trappola.

«Così non va bene» dichiari tu. «Puoi anche alzare la voce, ma non per farti obbedire per paura. Devi trovare un altro sistema, non mi piace quando lo terrorizzi».

Ora, se sai tante cose, per quale motivo fai i balli e i teatrini? Perché ti perdi in interminabili spiegazioni che, come unico effetto, gli danno la sensazione di tenerci in pugno?

E, all'improvviso, mi assale un pensiero che mi fa sorridere e cambierà il corso degli eventi nei prossimi cinque minuti, ma anche nei mesi a seguire. Perché, a vedere il pupo, che è alto come un bonsai e tiene in scacco due adulti, mi viene da ridere. La rabbia mi abbandona e comprendo che, se voglio ottenere qualcosa, devo cambiare copione.

Allora, compaio sulla scena, anziché tenermi a distanza vicino alla porta, come facevo fino a qualche secondo fa. Non urlo più e mi sento tranquillo come mai prima d'ora.

Ti dico: «Lascia fare a me», mi inginocchio, guardo mio figlio negli occhi e con voce ferma e sicura, tranquilla e serena pronuncio la rima del secolo:

«Per questa mattina basta Winnie The Pooh,
adesso la giacca a vento metti tu,
e se a papà non obbedirai,
per il bambino capriccioso saran guai».

Sarà il tono della voce, sarà il mio sguardo determinato e serio, ma accade il miracolo. Il piccolo mi consegna (proprio così, me la mette in mano) la felpa di cotone e rimane lì con le braccia protese, pronto a infilare la giacca a vento. Poi, mi dà la mano e si fa accompagnare fuori dalla porta, nel gelo, per salire in auto.

E sorridendo, mi dice: «Papà, eddo [papà, fa freddo]».

«Credo proprio di aver capito come si fa a gestire i capricci» ti annuncio trionfante.

E tu rispondi: «Bene, allora da oggi sono tutti tuoi».

♀ Come la vede lei

Da oggi in poi, i capricci sono tutti tuoi! Te lo dico, e lo penso davvero. Ho assistito a una situazione insolita, a un copione mai visto prima. Ti guardo negli occhi e vedo la gioia della scoperta, la stessa che immagino avesse Archimede quando, facendo il bagno, scoprì la legge dei corpi immersi in acqua. Eureka! Hai avuto un'illuminazione che si è impossessata di te. Io ho intuito qualcosa, ho visto la tua luce, ma mi sono fermata qui. È il tuo traguardo: sai che da oggi saprai far fronte alle bizze.

Trascorro con lui molto più tempo di te. Lavoro un po' la mattina, lo recupero nel primo pomeriggio dai nonni e poi affrontiamo lunghe ore insieme. Ci divertiamo e abbiamo trovato una buona alchimia per rendere più interessanti le giornate. Ora sa fare un sacco di cose, i suoi neuroni sono sempre più connessi e ogni giorno fa progressi strabilianti. Adesso sa capire. Peccato che tutta la sua intelligenza a volte si metta al servizio di un desiderio di onnipotenza e il piccolo tiranno che è in lui abbia il sopravvento. È convinto di poter fare tutto, di essere l'imperatore: ogni limite o rinuncia diventa una frustrazione insopportabile. Per questo ti dico che ho bisogno di te. Ho bisogno della tua scoperta. Voglio vedere anch'io la tua luce, perché odio sentirmi in balia dei suoi capricci.

Ecco l'elenco dei dieci più frequenti che vorrei imparare a fronteggiare per semplificarmi la vita (l'ordine è puramente casuale).

1. *Quando viene a trovarmi un'amica, magari dopo ore infinite in cui non scambio una parola con nessuno che abbia più di tre anni, mi tempesta di domande e mi chiede di giocare con lui, anche se fino a un minuto prima eravamo incollati l'uno all'altra. Ai miei inviti a intrattenersi da solo, protesta.*
2. *Vuole il mio cellulare e sembra che nient'altro al mondo gli interessi. Lo ammetto, una volta, mentre ero in coda alle Poste, gliel'ho dato per farlo stare buono. È vero, gli ho anche fatto vedere un video di Winnie The Pooh. Lui ha smesso di lamentarsi e ho aspettato il mio turno tranquilla. Ora, non può più vivere senza smartphone. E poiché mi rifiuto di accontentarlo, impazzisce, e fa impazzire me.*
3. *Quando lo metto in macchina e sono già parecchio in ritardo, continua a ripetere «No cintura» e non riesce a capire che dobbiamo fare in fretta.*
4. *«No passeggino» mi dice, invece, quando sono dall'altra parte della città, carica di borse della spe-*

sa, ed è quasi mezzogiorno. Sto morendo di fame e anche se lo supplico, mi fa capire che vuole camminare da solo e senza manina.

5. *Quando gli servo la minestra, la reazione è sempre la stessa, nonostante mi ingegni a sperimentare ogni volta nuove ricette, per variare i colori e i sapori. Sposta il piatto, rovesciando un po' del contenuto, e dichiara: «No quetta!». Io ribadisco decisa che è buona, e in cambio ricevo proteste.*
6. *Accetto che possa preferire un paio di pantaloni a un altro, ma non tollero le maniche corte in pieno inverno. Sembra posseduto da una stufa ad autocombustione, che lo costringe di continuo a togliersi qualche indumento. Il freddo non dovrebbe essere un dato oggettivo? Ho provato a spiegarglielo, ma sembra non capire.*
7. *«È mio»: i pronomi possessivi sono la peculiarità dei piccoli. Da un giorno all'altro, si accende l'istinto del possesso e domina ogni comportamento. Credo proprio che, appena sarà più grande, lo iscriverò a un corso di football americano, per la capacità di intercettare l'oggetto e correre via. La generosità non è un istinto.*
8. *In coda al supermercato, dove le strategie diaboliche del marketing concentrano tutte le tentazioni ad altezza bambino (strano che nessuno abbia ancora inventato distributori a forma di seno per i lattanti), si butta a terra e urla perché mi rifiuto di comprargli una merendina e non cambio idea. Odio gli sguardi*

dei passanti, che scommettono sulla mia capacità di resistere.

9. *Prima o poi, arriva un momento nella giornata in cui piange e si lamenta senza motivo. Tento di consolarlo, ma senza successo. Alla fine, mi arrendo e me ne faccio una ragione: non c'è nulla che possa fare per fermarlo.*
10. *In assoluto, il capriccio che mi fa più perdere le staffe è la provocazione, quando il nanetto mi guarda negli occhi deciso e fa esattamente quello che non dovrebbe. Sottotitoli: "So benissimo che non vuoi che mi comporti così, e proprio per questo ti dimostro che ho il coraggio di disobbedire. Non una volta, ma tante. Tiè!".*

Amore, ho bisogno di te. Anch'io voglio gridare «Eureka!».

♀♂ La sfida

Far crescere un figlio implica due presupposti fondamentali da parte nostra: prima di tutto, amarlo sempre e incondizionatamente, riconoscendone i punti di forza, ma anche i limiti, le risorse come le debolezze. In secondo luogo, per farlo crescere forte, protetto e sicuro bisogna insegnargli a tollerare la frustrazioni, renderlo consapevole che nella vita non siamo onnipotenti e per stare al mondo dobbiamo adattarci alle aspettative che gli altri ripongono in noi. In concreto, dunque, fissare alcune regole significa fornirgli un sistema di valori che lo abitui a vedere e prevedere anche le esigenze di chi gli vive accanto, e non solo le proprie.

Regole: gran parte del "mestiere" di genitore nell'età evolutiva ruota intorno a queste sei lettere. Le regole, in effetti, rappresentano la base del progetto educativo, lo scheletro che sosterrà il successo futuro dell'intero "sistema famiglia". Per essere efficaci e trasmettere un insegnamento reale, necessitano di un paziente lavoro di monitoraggio e cesello da parte dell'adulto.

Per il bambino, diventare grande implica accettare, nelle situazioni in cui ancora non è autonomo e non è in grado di autodeterminarsi, che siano i grandi a decidere che cosa si può fare e, soprattutto, che cosa no, almeno in una prima fase. In seguito, quando sarà capace di gestire alcuni aspetti della propria vita, potrà chiedere che le regole siano riformulate per adattarle a nuove esigenze di crescita. Ma la rinegoziazione avverrà nella tarda infanzia e nella preadolescenza solo se nei primi anni avremo posto i giusti limiti e controllato che siano osservati.

Rispettare una regola significa, per un figlio, rinunciare alla propria onnipotenza, ma allo stesso tempo credere che gli forniremo strumenti e chiavi di accesso per esplorare il mondo e sapremo indicargli il modo migliore per muoversi nella vita, offrendogli la giusta dose di sicurezza e protezione. Accettare le norme che gli imponiamo e obbedire è molto faticoso per lui, perché lo obbliga a non considerarsi il centro del mondo, mentre credeva di esserlo. Accoglierà, invece, l'idea che abbiamo predisposto un percorso di crescita che contempla limiti e possibilità, vincoli, ma anche opportunità.

Nella vita non si può avere tutto e subito. La libertà è un dono che dovrete fargli all'interno di un progetto educativo. Come l'autonomia, necessita di molto allenamento e numerose prove, di monitoraggio e sostegno. Le regole sono l'equivalente di una bussola nell'esplorazione di un territorio che non conosce ancora bene. Imparare dove sono il nord e il sud è possibile solo se si è esercitato a lungo a riconoscerli attraverso strumenti adeguati. Le norme servono proprio a questo e gli permettono di comprendere che crescere e diventare grande comporta una scelta in una gamma di possibilità non infinita, che limiti e vincoli esistono non per bloccare, ma per indirizzare, che le apparenti barriere alla libertà individuale, in realtà, tutelano la collettività e la convivenza civica.

Se siete in sintonia sulla linea educativa da tenere per aiutarlo a rispettare le prescrizioni che ritenete imprescindibili e necessarie, in casa non ci saranno grandi intoppi e la situazione evolverà in modo semplice e funzionale. I problemi sorgono, invece, se siete in disaccordo. Capita, per esempio, che uno dei due sia permissivo e molto debole, mentre l'altro è autoritario e rigido. Il piccolo, allora, è confuso e rimane sospeso tra due adulti, che, invece fungere da riferimento, si mostrano ambivalenti e spesso in conflitto tra loro. Le scene peggiori sono quelle in cui i due genitori, mentre stanno individuando una strategia educativa da seguire, iniziano a litigare perché non trovano un accordo. L'unica via d'uscita, allora, è avere la medesima versione dei fatti davanti al bambino, da ridiscutere, anche in modo animato, una volta soli.

In generale, quello che serve a un figlio è sentire e capire che il mondo è prevedibile e che mamma e papà la vedono allo stesso modo. Quando, invece, le visioni cozzano in modo molto evidente, la coppia rischia di trasformare il percorso di crescita in un'occasione reiterata di scontri e litigi. La soluzione migliore, in questo caso, è rivolgersi a uno specialista, un terapeuta o uno psicopedagogista, che aiuti a costruire un fronte comune e a trasformare le sfide educative ed evolutive in opportunità per cooperare e fare squadra, anziché in causa di conflitti cronici.

Un percorso simile sarà particolarmente utile negli anni successivi. Se all'inizio si litiga per la pappa, la nanna, la TV e i capricci al supermercato, in seguito bisognerà intervenire su questioni molto più complesse, che includeranno impegni scolastici, relazioni con gli amici e negoziazione di permessi di ogni genere, relativi alla vita familiare e non.

IL FILM DA VEDERE

—

PARENTAL GUIDANCE

di Andy Fickman,
commedia, Usa, 2013, 105 minuti

—

I protagonisti sono tre bambini piuttosto vivaci e la loro famiglia allargata. I genitori sono molto attenti al rispetto delle regole e si ispirano a un modello educativo salutista e a bassa concentrazione di trasgressioni. Improvvisamente, mamma e papà hanno l'opportunità di fare un viaggio per stare un po' soli e chiedono aiuto agli eccentrici nonni materni. La coppia si trasferirà nella casa ipertecnologica dei nipoti e li gestirà con metodi ben diversi. I piccoli coglieranno appieno la difficoltà degli adulti e li metteranno a dura prova.
Il film racconta con tono leggero modi differenti di affrontare i capricci infantili e ristabilire l'ordine.

Spunti di riflessione

- In quale atteggiamento degli adulti vi siete identificati maggiormente?

- Quali errori commettono i nonni con i nipoti?
- Quali, invece, i genitori (se ne individuate qualcuno)?

♂ Nella mente degli uomini

Per tradizione, sono gli uomini che, in casa, fanno rispettare le regole. Hanno alle spalle generazioni di antenati che in famiglia dettavano legge. «Quando torna a casa tuo padre, gli diremo tutto quello che hai combinato e te la vedrai con lui»: quanti si sono sentiti ripetere questa frase da piccoli? E di sicuro una traccia è rimasta nella memoria emotiva.

Se hanno avuto un papà autorevole, che li ha aiutati a osservare le norme di comportamento e ha svolto in modo efficace la propria funzione normativa, non sarà difficile, per loro, fare lo stesso.

A fronte di un genitore troppo severo e autoritario, o poco affettuoso, al contrario, potrebbero voler prendere le distanze da quegli eccessi educativi. Se i ricordi infantili sono impregnati di violenze (punizioni corporali) o severità (padri così rigidi da non mostrare mai ai figli il proprio lato affettivo), è probabile che diventino eccessivamente deboli e permissivi, nel tentativo di evitare alla prole le stesse sofferenze.

Quante volte, da ragazzi, ci siamo detti: "Quando

sarò genitore, non farò mai una cosa del genere". Molti adulti reagiscono al copione che hanno assimilato decine di anni prima e ai loro pupilli concedono tutto, senza limitazioni, senza intuire che in questo modo li confondono. Le concessioni sono ricompense tardive ai bambini che siamo stati. Tuttavia, se non ne prendiamo coscienza, rischiamo di crescere tiranni in erba, convinti che tutto sia loro dovuto perché non ricevono limiti alla propria onnipotenza. Ecco alcuni esempi.

- Alla festa di Natale della scuola materna, la sala è gremita di gente e non c'è posto a sedere per tutti. La mamma, allora, prende in braccio il figlio per occupare in due una sola sedia. Il papà è seduto accanto, ma il piccolo piange perché vuole un posto tutto per sé. Dopo un po', il genitore si alza, gli cede il proprio e si sposta in fondo alla sala, con le spalle al muro.
- Al supermercato, il bambino comincia a dire che vuole questo e quello. Il padre dapprima gli lascia mettere nel carrello qualcosa, ma dopo un po' prova a fermarlo: «Adesso basta, tesoro, abbiamo già comprato tante cose che volevi. Ora bisogna smetterla». Ma le proteste continuano: «Voglio anche questo, e quest'altro».
  Il genitore rimane sulla sua posizione e iniziano le grida, che attirano l'attenzione dei clienti vicini: «Ho detto che lo voglio!».
  Infine, alzando gli occhi al cielo, intima a bassa voce: «Te lo compro. Basta che non urli, perché ci stanno guardando tutti».

In entrambi i casi, il piccolo impara che è il più forte, che gli adulti soccombono di fronte al suo potere e, di conseguenza, potrà fare tutto ciò che vuole. Non solo: apprenderà anche che sono deboli, tanto che un bimbo sotto il metro di altezza può tenerli in scacco. Una simile consapevolezza lascerà in lui tracce profonde, fino a incrinare la sua fiducia verso persone incapaci di tenere il timone della nave, quando fuori scoppia una tempesta.

Agli uomini, quindi, conviene coltivare uno stile educativo improntato sull'autorevolezza, più che sull'autorità, fondendo due caratteristiche (norme e affetti) che, se ben miscelate, aiutano il bambino a sentirsi guidato e sostenuto da adulti forti e affidabili.

Secondo alcune ricerche, la capacità paterna di accompagnare il figlio nel percorso di crescita e monitorarlo è correlata a un minor numero di problemi nell'età evolutiva. In particolare, all'ingresso nell'adolescenza, i ragazzi che hanno avuto accanto un genitore stabile, presente e coinvolto, capace di porre limiti e regole nella loro vita hanno meno disturbi del comportamento e della condotta.

Ma i benefici si estendono ben oltre, a quando si troveranno a decidere come improntare le proprie relazioni affettive e familiari. Come abbiamo visto nel capitolo 7, secondo Grossman e colleghi il coinvolgimento affettivo del papà con il figlio influenza il modo in cui quest'ultimo, da grande, immaginerà una relazione amorosa. Il tipo di interazione con la madre *e con* il padre durante l'infanzia e l'adolescenza, dunque, sembra condizionare fortemente i modelli operativi che il giovane adulto seguirà nel proprio rapporto di coppia (ovvero, quanto si sentirà capace di gestire e controllare le complesse dinamiche che si instaurano tra i partner). In effetti, ci sono prove sempre più evidenti che una simile correlazione esiste.

All'opposto, l'assenza di una figura paterna vicina, stabile ed emotivamente presente si associa a una maggiore problematicità e propensione al rischio, soprattutto nell'adolescenza.

♀ Nella mente delle donne

Fino a che punto una madre è capace di tollerare un capriccio? Il pianto del figlio attiva in lei una risposta viscerale, istintiva. I suoi sensi entrano in stato di all'erta e il cervello elabora strategie per trovare una soluzione il più presto possibile. I capricci, però, sono un'altra cosa.

Un neonato di poche settimane che piange disperato nella culla non sta facendo le bizze, ma esprime un disagio che la mamma lo aiuterà piano piano a definire. La sua mente ha un funzionamento semplice, che si manifesta attraverso una gamma limitata di comportamenti: "sto bene" o "sto male", e, di conseguenza, dormo o resto sveglio, sono tranquillo oppure scoppio in lacrime.

Il capriccio necessita di un meccanismo di pensiero più elaborato. Presuppone l'intenzione. È una voglia bizzarra, un desiderio ostinato. Implica che il soggetto sia in grado di desiderare, di immaginare qualcosa che non c'è e che vorrebbe avere. È un moto violento e impetuoso, ma spesso dura poco e presto l'oggetto anelato perde ogni attrattiva. I bambini incarnano perfettamente questo tratto del comportamento umano: per un po' piangono, urlano, si agitano, e poi, una volta ottenuto ciò che vogliono, lo abbandonano.

Per le mamme, è una sfida quotidiana. Fra uno e tre anni si gioca una partita molto importante, e altrettanto logorante. Perderla significa accumulare fatica e frustrazione in dosi massicce. La maternità e la gestione della quotidianità possono sembrare, allora, imprese titaniche, tanto da spingere a rinviare l'eventualità di un'altra gravidanza.

Chi lavora trascorre meno ore a contatto diretto con il figlio, potendo contare sull'intervento di altri adulti che se ne prendono cura (educatori dell'asilo nido, nonni, baby-sitter). Tuttavia, la sfida non è meno impegnativa, anzi, forse lo è ancora di più.

Il capriccio è naturale nel percorso di sviluppo. La scoperta progressiva del mondo, degli oggetti che lo circondano, dei rapporti di causa-effetto tra le proprie azioni e gli eventi rendono il bambino consapevole di avere un potere sull'ambiente. Nella sua mente cresce il desiderio di esercitare un controllo assoluto sulla realtà: "Voglio, per cui posso". Se è abituato a ricevere sempre risposte adeguate ai bisogni, ha interiorizzato la certezza che la mamma saprà fornirgli tutto ciò che gli serve. Questa sicurezza, alla base di un sano sviluppo emotivo, gli con-

sente di esplorare fino a che punto può chiedere, quanto può alzare la posta in gioco. Il capriccio è il segno di un desiderio di onnipotenza, dell'illusione infantile di poter ottenere tutto quello che si vuole, di averne il diritto.

Limitare ed educare il potere di un figlio è la sfida per eccellenza dei genitori, e in particolare delle madri, che devono farsi forza e accettare che il loro tesoro sperimenti qualche piccola frustrazione. A due anni, non è un essere libero, perché è totalmente incapace di provvedere a se stesso. Ha bisogno costantemente che qualcuno gli faccia strada, ponga confini alla sua esplorazione, per evitare che si perda o corra pericoli.

Che cosa mangiare, come vestirsi, quanto dormire non sono scelte che gli competono. Il potere è nelle mani degli adulti, che decidono che cosa sia meglio per lui. Dargli una libertà che non sa gestire è un errore da evitare. Chiedergli a poco più di un anno «Che cosa ti va per cena?», «Quali abiti vuoi indossare?», «Preferisci questo o quello?», «Quando vuoi dormire?» è irragionevole. Gli ambiti di autonomia e di esplorazione per lui sono quelli del gioco, in cui è libero di osservare la natura e la realtà, comprenderne le leggi, interagire con gli altri e scoprire il piacere della relazione. Se ci facciamo mettere in scacco delegandogli piccole decisioni sulla quotidianità, rischiamo di ritrovarci di continuo in situazioni di stallo faticose da gestire. I capricci chiamano altri capricci. Se il bambino percepisce una titubanza di fronte alle sue pretese, userà tutte le energie che possiede per portare a casa il risultato. Le richieste si moltiplicheran-

no: «Non voglio mangiare questo!», «No giacca!», «Caramelle!» «Ancora TV!» e mille altre. E in questa lotta, tutte le armi sono ammesse: dai «Sei cattiva!» e «Brutta mamma!» fino alla voglia di picchiare chi non vuole accontentarlo.

Si tratta di meccanismi naturali e comuni nella relazione tra madre e figlio. Coltivare dentro di sé la sicurezza che alcuni no fanno bene non è facile. Assistere alla disperazione del proprio piccolo, che sembra soffrire oltre ogni soglia tollerabile, è uno spettacolo duro da sopportare, soprattutto se si è alle prime armi.

I tentativi di distrazione e di persuasione con le buone non sono sempre una via percorribile. Arriva un momento in cui il confronto è inevitabile. La mamma deve tollerare di essere considerata cattiva, sopportare il dispiacere di una rottura provvisoria, nella certezza che il ricongiungimento avverrà poco dopo, quando il picco della crisi sarà passato.

Ai figli serve una figura autorevole. Assecondare le bizze rende frustrate, stanche, nervose. Alla lunga, il piacere di stare insieme si riduce, con conseguenze negative per tutti.

Una madre ferma, che sa dire di no senza sentirsi travolta dall'ansia, senza soffrirne eccessivamente, offre al piccolo un percorso verso una libertà progressiva, che si compirà nell'età adulta.

Come maturare un sano distacco? Come evitare che il cuore si stringa? Come restare fermi e calmi? Non ci sono risposte semplici. Ognuna ha una propria sensibi-

lità, esperienze pregresse che ne condizionano le convinzioni nel bene e nel male, e deve apprendere lo stile educativo che ritiene più adatto. Tutte, però, pur nella diversità, possono diventare "domatrici di capricci".

Allevare tiranni in erba fa male ai piccoli e ai grandi. Far interiorizzare il senso del limite non significa inibire il potenziale espressivo, né crescere soldatini che si muovono a comando. Dire no non vuol dire sottomettere nel senso negativo del termine. Bisogna convincersi che un rifiuto deciso e irremovibile è la scorciatoia migliore per liberare tutti da infinite bizze, capaci solo di logorare i nervi, senza portare a nulla.

Dai due anni in poi, "Conto fino a tre..." è un motto prezioso, che abbrevia i tempi delle impuntature e permette di valutare quanto i figli considerino credibile la vostra fermezza. Se contare fino a tre non basta per ottenere qualcosa, significa che serve una revisione del metodo per affrontare i capricci. Ne vale la pena.

♂ I consigli di papà a mamma

- A volte, alziamo la voce per bloccarlo: per favore, evitate di sgridarci quando lo sgridiamo, perché a questo punto ci viene voglia di gridare ancora più forte, ma stavolta contro di voi.
- Se dovreste dirgli di no e non ce la fate, mandate avanti noi: poi, però, non fategli fare di nascosto quello che gli abbiamo appena proibito.

- Se lo rimproveriamo, non ha senso cullarlo e consolarlo ripetendogli un milione di volte: «Papà è cattivo. Papà è severo».
- Se diventa un piccolo tiranno, la colpa non è mai di un solo genitore, ma di entrambi. Impariamo a fare squadra, invece di incolparci per tutto quello che non funziona nei nostri metodi educativi.
- Non è possibile che tutti i nostri no, con i nonni diventino sì: per favore, parlateci voi e fate capire loro che ai bambini bisogna porre qualche limite.

♀ I consigli di mamma a papà

- *Quando ci vedete perse in spiegazioni complesse e senza fine di fronte a capricci interminabili, vi autorizziamo a fischiare il cambio, come si fa nel calcio. L'uscita di campo ci farà bene, dalla panchina possiamo guardare la scena con maggior distacco e prepararci per la nuova sfida. Nel frattempo, tocca a voi giocare.*
- *Al rientro da una lunga giornata di lavoro, anche se avete una gran voglia di strapazzare il vostro tesoro, se lo stiamo sgridando perché ha rovesciato di proposito il succo sul tappeto, evitate di dire: «Vieni qui dal tuo paparino, che ti fa tante coccole!».*
- *Al supermercato, vale la regola che può scegliere una cosa per lui. Se non ce la fate a rifiutare tutte le altre richieste, state pure a casa, che alla spesa ci pensia-*

mo noi. Se vi alleate con vostro figlio, saremo sempre in inferiorità numerica di fronte alle mille tentazioni.

- *Siete uomini e l'evoluzione vi ha assegnato il compito di proteggere la prole e procacciare il cibo. L'uomo delle caverne fissava per tutti le regole per la sopravvivenza. Vi prego, qualche volta lasciate riemergere il troglodita che è in voi e fate capire al piccolo chi comanda in casa.*
- *È deciso: mamma e papà devono fare fronte unico davanti a un capriccio. Il furbetto ha sensori speciali per capire quando siamo in disaccordo, e se è così, ci mette al tappeto.*

Si va all'asilo

♀ Come la vede lei

È la notte di vigilia del primo giorno di scuola. Domani le maestre ci aspettano per le 9,30. Ci siamo ritagliati entrambi qualche ora libera per accompagnare il nostro bambino insieme. Sono emozionata. Mi sembra impossibile essere arrivata fin qui, all'inizio ufficiale del suo percorso scolastico.

Ci siamo chiesti molte volte se iscriverlo al nido, ma alla fine siamo riusciti a organizzarci con l'aiuto dei nonni. Ho la fortuna di poter lavorare spesso da casa: la scrittura è una vocazione a misura di mamma, anche se a volte reclama spazi di solitudine e raccoglimento.

Domani mattina per noi si apre una nuova era. Non vedo l'ora di fare amicizia con le altre madri, di organizzare merende insieme, di sentirmi parte di una comunità. Finora, ci siamo limitati a frequentare i nostri amici, ma adesso potremo fare nuovi incontri. Immagino la tua espressione preoccupata: conosci bene la mia predisposizione a fare amicizia, a buttarmi in varie attività, a prendere impegni, e sai che avrai un bel daffare a tenermi con i piedi per terra. Nella coppia, io sono l'anima che si apre all'esterno, tu quella che mantiene i confini. Se non ci compensassimo a vicenda, saremmo scoppiati da tempo.

Non riesco a prendere sonno. Vorrei dormire come fai tu, ma continuo a rigirarmi nel letto.

In tre anni da genitore, ho capito molte cose, almeno così mi sembra in questa notte insonne. Se fossi ospite di Daria Bignardi, mi chiederebbe: «Qual è il suo decalogo per sopravvivere ai figli? Ci racconti».

«Ehm... Non so, mi prende alla sprovvista. Guardi, sono addirittura in pigiama. Mi lasci pensare... Anche lei è una mamma, vero?».

«Certo, di due bambini, un maschio e una femmina».

«E quanti anni hanno? Ah sì, ho capito, le domande le fa lei. Va bene, ecco il mio decalogo.

1. *Resteremo per tutta la vita due persone diverse.*
2. *Io continuerò a perdere le chiavi e a calcolare male i tempi, e tu a spostare la tovaglia per appoggiarci il computer senza sparecchiare: i difetti sono duri a morire.*
3. *Fare l'amore è un dovere, ancor prima che un piacere.*
4. *Mordersi la lingua qualche volta fa bene.*
5. *Fare ogni cosa al meglio delle nostre possibilità: il tuo biglietto per me a Natale e per il compleanno e il mio filetto in crosta quando ti vedo stanco.*

6. *Imparare a stare un po' senza nostro figlio, sapendo che restiamo comunque genitori attenti e amorevoli.*
7. *Allungare la lista delle cose che ci piace fare insieme, nella nuova formazione a tre, per esempio tutte le domeniche percorrere a piedi i 6 km nella natura per andare a pranzo a casa dei tuoi, inverno compreso.*
8. *Guardare in alto. Per chi crede in un dio, affidarsi a lui, per gli altri, coltivare uno stile di vita fondato sugli ideali e su tutto ciò che rende l'uomo migliore.*
9. *Non addormentarsi mai arrabbiati e, di conseguenza, evitare di litigare a letto per non perdere il sonno.*
10. *Mantenere lo spirito leggero, anche dopo tre lavatrici per un virus gastrointestinale del pupo: chi doveva andare al lavatoio se la vedeva molto peggio. L'ironia e una risata sono ottimi integratori per la salute di coppia».*

«Interessante. La sua è una visione della vita di famiglia stile Casa nella prateria. *Un ritorno alle cose semplici, essenziali. Una quotidianità che scorre cadenzata, sempre uguale, mi permetto di dire, quasi un po' sciatta...».*

«Sciatta uno corno! Si può dire in TV*? Se permette, io sono molto soddisfatta della mia famiglia».*

«Certo, certo, non lo metto in dubbio. È solo che, visto il pigiama...».

A proposito, mi sa che è proprio il caso di dormire,

perché domani sarà una giornata impegnativa. Voglio evitare che la maestra mi strappi dalle mani il bambino mentre urla straziato dal dolore. So che è pronto e può affrontare la nuova avventura, e voglio che lo legga nei miei occhi.

Alla riunione ci hanno detto che tutti i piccoli, prima o poi, devono attraversare una fase di crisi. Tutti, prima o poi, piangono. Le maestre ci hanno consigliato di rassicurarli, ma soprattutto di dare il buon esempio. Fermarci in classe fino a metà mattina non è un buon metodo. Siamo presenze ingombranti, che rallentano l'avvio delle attività. Dobbiamo farci forza e, dopo aver baciato, accarezzato, abbracciato il nostro pargolo, andarcene. Se lo facciamo in fretta, ancora meglio. Ci hanno giurato che quasi tutti smettono di piangere e iniziano a giocare; le poche volte che non succede, loro sono lì per consolarli e, se proprio sono disperati (caso molto raro), ci richiamano. Mentre la maestra parlava, mi hai dato una gomitata, temevi non avessi sentito bene. In realtà, ho capito tutto alla perfezione e penso di farcela. Per domani mattina ho già preso appuntamento dal parrucchiere, così avrò un buon motivo per andare via dalla scuola.

Il motivo per cui non dormo, però, è un altro. Sto pensando a come dirtelo. Ho un ritardo di due giorni e non mi capita mai. O meglio, mi è capitato solo un'altra volta, tre anni e mezzo fa. Domani faccio il test, ma immagino già il risultato. Saremo di nuovo genitori. Devo restare sveglia ancora un po', perché voglio trovare un modo speciale per dirtelo. Ci devo pensare bene: mi piace curare i particolari. E non mi sento per niente sciatta.

♂ Come la vede lui

Il grande giorno è arrivato. E tu sei lì, con il tuo grembiulino, pronto a debuttare nel mondo vero, con la "M" maiuscola. Entrare alla scuola materna è forse il salto più lungo tra quelli che abbiamo fatto insieme, quello che porta più avanti. Ti avventuri in un altro territorio, diverso dalla casa in cui ti sei mosso finora. Chissà che cos'è l'emozione forte che mi prende stamattina, mentre ti prepari.

Vedo la mamma che ti mette il grembiule azzurro e ti bacia sulle guance con trasporto.

E tu sorridi.

Intanto, corro di là a prendere la macchina fotografica, perché questo giorno va immortalato e rimarrà a futura memoria come il primo della tua carriera ufficiale di studente.

Avrai tanti altri primi giorni di scuola, ma penso che nessuno mi troverà più emozionato e impreparato di oggi.

Ti metti in posa, lei ti dice: «Sorridi» e io scatto una foto dopo l'altra. Colgo tutte le tue facce ed espressioni: quella seria, quella allegra, quella metà e metà, quella in cui dici «*Cheeeeese*».

Poi facciamo colazione e intanto parliamo. Mamma ti mette un goccia del suo profumo, «Così, se mi pensi, lo senti e ti sembrerà che io sia lì al tuo fianco». Le sa davvero tutte.

Infine, usciamo. Cammini tra noi due. Ci tieni la mano e stamattina stringi come non hai mai fatto prima.

Sei cresciuto, piccolo mio.

Superiamo il cancello d'ingresso della scuola e intorno a te ci sono molti altri bambini. Non conosci nessuno, ma tutto cambierà in pochi giorni.

Dentro, la maestra ci viene incontro. Appartieni alla sezione dei topini. Si presenta a te, e poi a noi. Ti prende per mano e ti fa fare un giro della classe. Infine, ti salutiamo e andiamo via.

Una volta fuori, penso che ne abbiamo fatta di strada insieme, noi tre.

Mentre mamma sta andando dal parrucchiere, ripercorro tutti gli avvenimenti degli ultimi tre anni. E mi sento orgoglioso di quanto siamo riusciti a fare.

Rivedo tutto, dal primo giorno, quando ho saputo che stavi arrivando. E soprattutto, rivedo che cosa è successo alla coppia, tutte le trasformazioni che la tua presenza ha portato nella nostra vita di adulti.

Mi accorgo che siamo siamo stati bravi a dare un nuovo ordine alle priorità. Ho pensato, qualche volta, a che cosa sarebbe successo se non avessimo provato a capirci meglio e di più, a osservarci e sostenerci, mentre ci chiedevi di diventare diversi da come eravamo prima del tuo arrivo.

Lei ha imparato a proteggerti senza esagerare con le ansie e le preoccupazioni.

Io penso di essere più maturo e responsabile. Ora mi sembra di riuscire a vedere la vita non più in funzione solo dei miei obiettivi di lavoro e degli impegni che si susseguono l'uno dopo l'altro, le scadenze, gli incontri irrinunciabili con colleghi che mi propongono collaborazioni e idee da sviluppare. Adesso mi ritengo abbastanza bravo a chiedermi se c'è bisogno di me a casa, ogni volta che vogliono fissare una conferenza serale. Prima di accettare una trasferta che mi obbliga a dormire fuori la notte, in automatico il mio pensiero vola a voi due.

Ma la cosa che mi stupisce di più è che, quando sono da un'altra parte, provo una nostalgia mai sperimentata prima. È chiaro, so stare dove la vita mi mette, non faccio sceneggiate, ma ora che sono più bravo a parlare con me stesso, sento che, giorno dopo giorno, ho capito sempre più chiaramente di appartenere a voi due in un modo nuovo e finora sconosciuto. Se in passato io e mamma potevamo stare lontani anche per molti giorni, ognuno assorto nelle sue attività, ora abbiamo bisogno di essere vicini, quasi presenti fisicamente. Non sei stato tu a legarci così stretti, eravamo già uniti, anche senza di te.

Ripenso all'immagine di poco fa, tu in mezzo a noi due, che ci tieni per mano, uno alla tua destra e uno alla tua sinistra: forse racchiude il succo di questi tre anni vissuti meravigliosamente, e pericolosamente, insieme.

So per esperienza che dopo la nascita di un figlio può sorgere una barriera invalicabile. Molti smettono di essere un uomo e una donna, e si trasformano esclusivamente in genitori. Parlando con gli amici, ho scoperto che tanti non hanno fatto l'amore anche per due anni. Qualcuno, addirittura non ha mai ricominciato.

Altri hanno progressivamente messo una distanza sempre più grande tra sé e la compagna. E lo hanno fatto in molti modi differenti, tutti complementari tra loro. All'inizio andavano a dormire in un'altra stanza perché il bambino di notte li svegliava con i pianti, e lì sono rimasti, cedendo il proprio posto nel lettone al pargolo. Poi, hanno preso sempre più impegni professionali e moltiplicato gli straordinari («Sai, un figlio costa...»), fino a lavorare dalla mattina presto alla sera tardi. Infine, hanno cominciato a non fare più le vacanze estive insieme. Il resto della famiglia partiva per riposarsi, e intanto loro, in città, assaporavano una strana sensazione di libertà. O meglio, di liberazione, come se rientrare la sera in una casa vuota o svegliarsi soli al mattino fosse un vantaggio reale, la riconquista di un diritto che, non si sa come, era andato perso. E l'amore, alla fine, si trasforma in una trappola, una gabbia, un guinzaglio che ti obbliga a muoverti a un ritmo che non senti tuo, in un territorio che qualcun altro ha scelto per te.

Forse, anche io e tua madre abbiamo avuto paura che ci succedesse lo stesso. A volte, abbiamo temuto di non riuscire più a diventare ciò che sognavamo di essere. Però stamattina, con voi due vicini a me, in cammino verso la scuola, mi sono sentito felice. E libero. Questo, secondo me, è il miracolo dell'amore.

E mentre sono assorto nei miei pensieri, sul cellulare arriva un SMS, mittente Mamma: «Stasera torna presto, amore, perché usciamo. Ti aspetta (ci aspetta) una grande sorpresa».

Decalogo per la convivenza pacifica

1. **Accettare le differenze**
   Mamme e papà non funzionano allo stesso modo. Le mamme sono più protettive, i papà spronano a osare. Le mamme trasmettono sicurezza e protezione, i papà il senso dell'avventura e dell'esplorazione. Le mamme regalano radici, i papà un paio di ali. A volte le parti si invertono, ma le differenze restano.

2. **Essere indulgenti con i difetti dell'altro**
   Se uno dei due è molto sbadato, è probabile che lo sarà anche da genitore. Inutile fare ogni volta una predica e metterlo a disagio: meglio integrare la sua difficoltà con una vostra risorsa. Perché anche il partner che si ricorda tutto potrebbe rivelarsi parecchio imbranato con il cambio del pannolino, oppure pigro e lento a intervenire quando il bebè piange. Meglio fare tesoro dei punti di forza dell'altro, piuttosto che puntare l'indice contro i difetti.

3. **Dare spazio all'intimità e alla sessualità**
Molte coppie, con la nascita di un figlio, interrompono l'attività sessuale. All'inizio è necessario, perché la donna non può avere rapporti per alcune settimane dopo il parto. Tuttavia, la sospensione può durare qualche settimana, al massimo tre mesi. Poi, tutto dovrebbe ripartire, con gioia e desiderio da parte di entrambi. Se non succede, c'è un problema. E prima lo si affronta, meglio è.

4. **Dirsi tutto, ma imparare anche a tacere**
In una coppia è importante dirsi tutto. ma se significa fare un lungo elenco di quello che l'altro non ha detto o non ha fatto, può rivelarsi controproducente. Ci sono cose che vanno dette e altre che è meglio tenere per sé. Per il bene di tutti.

5. **Curare i particolari che rendono felice il partner**
Quando nascono figli, ci si concentra su tutto ciò che li riguarda. Si curano in modo quasi spasmodico la loro festa di compleanno, i doni, il guardaroba, dimenticando, magari, l'anniversario di nozze, il biglietto che accompagna il regalo di compleanno per il compagno, il mazzo di fiori il giorno dell'onomastico. Avere un bambino in casa non significa rinun-

ciare alle attenzioni per il partner, perciò non trascuratele mai.

6. **Passare un po' di tempo in coppia, senza figli**
   Dopo i primi mesi, il comportamento del piccolo è abbastanza prevedibile. Sapete quando deve mangiare, dormire, fare la cacca. Perciò, se una sera lo lascerete nelle mani di qualcuno che ne avrà cura, potete essere ragionevolmente sicuri che non ci saranno imprevisti. E voi, tornerete a fare i fidanzati, regalandovi, magari, una sera al cinema o al ristorante. Rientrare a casa e abbracciare il vostro pargolo dopo aver dedicato qualche ora a voi farà bene a tutti, lui compreso. I figli, anche molto piccoli, desiderano genitori che si amano con slancio e passione, e che hanno la felicità negli occhi.

7. **Scoprire nuove attività da fare insieme, anziché rimpiangere quelle a cui dovete rinunciare**
   D'accordo, dovrete mettere da parte per un bel po' alcune occupazioni che vi piacevano (andare in moto, fare scalate, sciare fuori pista, dedicarvi allo shopping sfrenato per tutto il giorno). Ma non è detto che le nuove attività da fare con il pupo vi piaceranno meno. Per esempio, andare in giro con un bebè nel passeggino aumenta le occasioni di incontro e moltiplica le amicizie.

8. **Avere fede**
   I figli vi obbligano ad avere fede. Nell'altro genitore. Nel pediatra. Nei nonni che li accudiscono quando non ci siete. Nell'angelo custode quando si mettono nei guai e, perché no?, quando tutto il resto è superato, anche in Dio. Imparare ad alzare lo sguardo aiuta, e non solo se avete bambini.

9. **Fare pace prima di dormire**
   Chiudere tutte le questioni rimaste in sospeso per un litigio e andare a letto sereni è fondamentale per il benessere e la tenuta della coppia. Senza contare che dormirete di più e meglio. E il riposo è una condizione necessaria per far funzionare tutto il resto.

10. **Riderci su**
   I contrattempi sono all'ordine del giorno. Riderci su è molto più utile che fare di ogni cosa una questione di stato. Un bimbo piccolo, in mezzo alle avversità, preferisce avere intorno a sé volti sorridenti, piuttosto che musi lunghi. E non solo lui.

Ringraziamenti

Questo libro per noi è stato una sfida e un'opportunità al tempo stesso.

Nei mesi di lavoro abbiamo davvero scoperto che i papà vengono da Marte e le mamme da Venere. Abbiamo affrontato lunghe discussioni di coppia, formulato infinite ipotesi, per poi smentirle subito, insomma, siamo stati tante volte abitanti di due pianeti differenti. Ma pensiamo anche che questo volume sia uno dei più sentiti che abbiamo scritto, e ne andiamo orgogliosi.

Perciò, siamo molto grati alla casa editrice per aver creduto nel progetto e averne condiviso con noi ogni fase. In particolare, ringraziamo Stefania Andreoli e Marina Marazza, che ci hanno individuati come possibili protagonisti della sfida, nonché Annachiara Tassan e Monica Pagani, che ci hanno sostenuti e permesso di realizzare l'opera, nella speranza che parli al cuore e alla mente di molte mamme e papà. Grazie anche ad Alessia Moffa, per la pazienza e competenza con cui ha seguito la fase di *editing*.

Siamo grati anche ai molti amici e genitori che,

nella vita privata e nella nostra attività lavorativa, hanno condiviso con noi le proprie difficoltà, permettendoci di collezionare storie e di costruirci sul campo la competenza necessaria per aiutare e sostenere chi ne ha bisogno.

Soprattutto, siamo grati ai nostri quattro figli, il più bel dono che la vita ci ha fatto. Anche se non lo sanno, hanno trasformato la casa e la vita familiare in un viaggio avventuroso, in un'esperienza di maturazione ed evoluzione e, dobbiamo ammetterlo, in un laboratorio di ricerca e azione che ci ha dato molto non solo sul piano umano, ma anche su quello professionale.

Bibliografia

Bowlby, John, *Attaccamento e perdita. L'attaccamento alla madre*, Boringhieri, Torino 1976.

Id., *Una base sicura. Applicazioni cliniche della teoria dell'attaccamento*, Raffaello Cortina, Milano 1989.

Fogliani Michela, Pellai Alberto, *Le nuove sfide dell'educazione in 10 comandamenti. Per aiutare i nostri figli a crescere*, Franco Angeli, Milano 2012.

Gray, John, *Gli uomini vengono da Marte, le donne da Venere. Imparare a parlarsi per continuare ad amarsi*, Sonzogno, Milano 1996.

Gray, Peter B., Anderson, Kermyt G., *Fatherhood. Evolution and Human Paternal Behavior*, Harvard University Press, Harvard 2012.

Pellai, Alberto, *Nella pancia del papà. Padre e figlio: una relazione emotiva*, Franco Angeli, Milano 2003.

Id., *Le mie mani sono le tue ali. Il primo anno di vita di un figlio visto con le mani del suo papà*, San Paolo, Cinisello Balsamo 2007.

Id., *Sul monte della tua pancia! Le emozioni di un uomo in attesa di un figlio*, San Paolo, Cinisello Balsamo 2007.

Id., *L'attesa. Il percorso emotivo della gravidanza*, Centro Studi Erickson, Trento 2013.

Id. et al., *Cosa sanno, cosa pensano, cosa fanno i neo-papà: indagine su attitudini, conoscenze e comportamenti di 570 uomini rispetto al proprio ruolo paterno a poche ore dalla nascita del loro bambino*, in «Minerva Pediatrica», vol. 65, n. 5 (2013), pp. 531-540.

Id., Ianes, Dario, *Facciamo il punto su… Le emozioni. Proposte di educazione affettivo-emotiva a scuola e in famiglia*, Centro Studi Erickson, Trento 2011.

Siegel, Daniel J., Bryson, Tina Payne, *12 strategie rivoluzionarie per favorire lo sviluppo mentale del bambino*, Raffaello Cortina, Milano 2012.

Id., Hartzell, Mary, *Errori da non ripetere. Come la conoscenza della propria storia aiuta a essere genitori*, Raffaello Cortina, Milano 2005.

Sroufe, Alan L. et al., *The Development of the Person. The Minnesota Study of Risk and Adaptation from Birth to Childhood*, Guilford Press, New York 2005.

Printed in Great Britain
by Amazon

43816701R00151